INTRODUÇÃO À TERAPIA FAMILIAR

MAGDALENA RAMOS

INTRODUÇÃO À TERAPIA FAMILIAR

© Copyright, 2006. Editora Claridade Ltda.

Todos os direitos reservados.
Editora Claridade
Av. Dom Pedro I, 840.
01552-000 - São Paulo - SP
Fone/fax: (11) 6215-6252

www.claridade.com.br
E-mail: claridade@claridade.com.br
Revisão: Ruy Cintra Paiva e Jane Cristina M. Contu
Capa: Leonardo Hermano
Editoração Eletrônica: Luiz Bernardo Junior

Dados para Catalogação

Ramos, Magdalena

      Introdução à terapia familiar; Magdalena Ramos. Claridade, São Paulo, 2006.
      112 páginas.

ISBN 85-88386-45-3
1.Psicologia aplicada 2. Terapia familiar I. Autor

CDD 159

INTRODUÇÃO À TERAPIA FAMILIAR

Sumário

1. **A formação do casal:**
   o enamoramento _____ 9
   A eleição do objeto amoroso _____ 10

2. **Etapas da organização familiar** _____ 13
   Início do casamento _____ 14
   Chegada do primeiro filho _____ 16
   Crescimento dos filhos _____ 19
   Desprendimento e separação dos filhos ___ 20
   Novamente um casal _____ 22

3. **Sobre o encaminhamento** _____ 24
   Instituições _____ 27
   Como o casal chega ao tratamento ____ 29
   Comentários _____ 31
   Sobre o enquadre _____ 33
   Pedido de completude _____ 40

4. **Distintos momentos do processo
   terapêutico** _____ 42
   Pré-entrevista _____ 43
   A primeira entrevista _____ 48
   Entrevistas informativas _____ 51
   O contrato terapêutico _____ 52
   O tratamento _____ 54
   Finalização do tratamento _____ 56
   Síntese de um relato de sessão _____ 57

5. Trabalhando com a história — 58
Caso clínico — 58
Observações preliminares — 58
Primeira entrevista — 58
Comentários da primeira entrevista — 60
Segunda entrevista — 60

6. Terapia de casal ou de família? — 69
Exemplo clínico — 71
Comentários — 76

7. O segredo familiar — 78
Exemplo clínico — 80
Mudança de enquadre — 82
Comentários — 82

8. A família dividida — 85
Exemplo clínico — 86
Comentários — 89
O paciente identificado — 90
Exemplo clínico — 91
Comentários — 93

9. A família como agente de saúde ou de doenças — 94
Vivência de invalidez — 96
Trama e drama familiar — 96
Desejo de eternidade — 97
Uma Relação Frustrante — 98

Bibliografia — 102

1
A formação do casal: o enamoramento

Quando duas pessoas se encontram e começam a se relacionar amorosamente, cada uma tenta mostrar sua melhor parte. Cada uma exalta as suas virtudes e dissimula os seus defeitos.

A partir de pequenos indícios, criam-se generalizações indevidas. Por exemplo, se o rapaz teve o cuidado de cumprimentar a moça pelo seu aniversário, deduz-se que ele é muito atencioso e que se lembrará sempre de todas as datas importantes para ela. Projeta-se que isso será assim para sempre e fantasia-se que as coisas que agradam a ambos não irão se modificar. O que não se leva em consideração é que, quando o relacionamento se altera ou se deteriora, dificilmente ficam preservados esses pequenos gestos gratificantes; o mais provável é que ocorra o contrário: o companheiro não se preocupará em agradar. Ele pode passar a agredir o outro quando não se sentir compreendido. E o outro, ao ser atacado, também responde com um ataque. Esse comportamento dos dois pode passar a ser recorrente, criando um círculo vicioso, difícil de ser desfeito.

Na fase de enamoramento, cada pessoa está mais interessada em descobrir que o outro pode atender a seus desejos e necessidades, e não em ver o que, realmente, cada um pode dar ou trocar.

Nesse momento, vale mais o que se fantasia em relação ao outro do que o que se conhece dele; a comunicação é empática, um sabe e sente o que o outro sabe e sente sem necessidade de palavras.

Quer-se ver o outro como a si mesmo: relaciono-me com o que conheço – as diferenças não existem ou não têm valor. Eu olho o outro como se me olhasse num espelho.

O enamoramento é vivido como um encontro mágico em que não se obedece a nenhuma regra, e, no entanto, cada união está baseada em necessidades mútuas que têm exigências a serem satisfeitas. Cobre-se a relação com um véu romântico que mascara todas as faltas e as diferenças. O enamorado teme que, uma vez conhecidas, as diferenças possam provocar a separação do objeto amoroso.

A eleição do objeto amoroso

A eleição do objeto amoroso está vinculada aos modelos parentais: não são eleições ingênuas, mas escolhas inconscientes. Ao buscar um objeto de amor fora da família, pretende-se criar um vínculo que possibilite sair do núcleo familiar, sem ameaçar o equilíbrio afetivo. Espera-se que o parceiro ofereça o continente propício para o desenvolvimento da atividade afetiva e sexual.

Dois psicanalistas, Janine Puget e Isidoro Berenstein, desenvolveram o conceito de objeto único. Segundo esse conceito, é na primeira relação objetal que se organiza o vínculo com um outro. Ilusoriamente abastecedor, para compensar o angustiante sentimento de desamparo a que fica submetido todo ser humano quando nasce. Nascemos num estado de total invalidez, inteiramente dependentes do vínculo com a mãe ou com um substituto, para podermos sobreviver. A partir daí, postula-se que o vínculo com o objeto único seria a matriz estrutural na eleição do objeto amoroso.

Quanto mais a pessoa necessita criar esse vínculo ilusório com o objeto único abastecedor, mais se distanciará do objeto real e isso provocará frustração que será traduzida em reprovações ao parceiro, por não satisfazer seus desejos. Produzem-se, assim, o que poderíamos entender, à primeira vista, como uma série de mal-entendidos, dado que os dois se sentem não-escutados (compreendidos) em suas requisições e acreditam, por outro lado, estar atendendo às necessidades do companheiro. O pedido não expresso entre os componentes do casal é de que o parceiro proporcione o continente protetor e gratificante, semelhante ao objeto único ilusoriamente abastecedor dos primeiros momentos da vida.

Recriando esse lugar de desamparo, pede-se ao outro o cumprimento dessa mesma função. Sobre esse fundo, o que na realidade o parceiro pode dar aparece como insignificante. Pede-se e espera-se uma solução frente ao desamparo; mas o que se recebe distancia-se tanto desta demanda que não pode ser reconhecido. Isso nos põe frente a um outro momento do mal-entendido. O membro do casal que, a seus olhos, está escutando e atendendo às necessidades afetivas de seu companheiro sente-se desvalorizado pelo não-reconhecimento deste.

Na verdade, os dois componentes do casal são vítimas da trama inconsciente que os conduz a esse desencontro. Esse descompasso é provocado porque cada um quer encontrar no outro, além do objeto amoroso, o objeto único ilusoriamente abastecedor. Desse modo, ambos sentem-se enganados por haverem esperado algo que não poderiam receber. A percepção dessa realidade provoca frustração, raiva e desequilíbrio.

Quando uma tal situação não é elaborada, pode provocar a separação do casal. Provavelmente cada um deles voltará a buscar, num novo objeto amoroso, seu "salvador" (uma pessoa que resolva seu desamparo); e assim repetirá a mesma conduta e, possivelmente, passará por outra frustração.

Quando uma criança teve, em sua primeira fase da vida, os cuidados necessários para seu desenvolvimento físico e psicológico e conseguiu estabelecer laços que a nutriram, terá sido criada, assim, uma dinâmica complexa, na qual os pais são os doadores-protetores da relação e o filho é a fonte de satisfação que os realiza na função paterna. O filho necessita dos pais para sua sobrevivência e os pais necessitam dos filhos para assegurar a continuação da espécie e suavizar a idéia de sua própria morte. Ter herdeiros é, de certa forma, continuar vivo. Dissemos que esta é uma dinâmica complexa porque existem necessidades mútuas a serem cumpridas que provêm de origens muito diversas. Se a relação entre pais e filhos foi bem resolvida, ter-se-á criado o alicerce que permitirá ao filho, quando adulto, ter relações amorosas mais satisfatórias, e este poderá estar em melhores condições de escolher seu (sua) parceiro(a). Tal eleição se fará em bases mais reais e menos ilusórias. O que se esperará de um companheiro é que ele seja um objeto amoroso e não um objeto provedor.

2
Etapas da organização familiar

A família, desde a sua formação inicial, atravessa distintas etapas. Essas etapas não têm um tempo definido, nem um desenvolvimento linear estrito. Cada família vive-as de uma determinada maneira em função de suas peculiaridades e seus conflitos.

São cinco as etapas pelas quais uma determinada configuração familiar se estabelece e se modifica, e levá-las em consideração pode nos ajudar a entender melhor as angústias que se manifestam nos distintos vínculos. Essa descrição tem como objetivo pensar a partir de que momento a família nos fala e quais são as suas necessidades específicas. Vamos identificar as referidas fases, para, em seguida, caracterizá-las:

a) **início do casamento;**
b) **chegada do primeiro filho;**
c) **crescimento dos filhos;**
d) **desprendimento e separação;**
e) **de novo um casal.**

Início do casamento

A união de um casal pode se concretizar formalmente através do casamento civil e/ou religioso, ou na decisão de viverem juntos.

O casamento está sempre revestido por certa atmosfera de encantamento. Determinadas frases, comumente repetidas, confirmam essa idéia: "Casaram-se e foram felizes para sempre", ou "Encontrei a metade da minha laranja". O casamento também afasta o temor da solidão, de sentir-se marcado socialmente por estar só e por não ter sido eleito para formar um par.

Em sentido afetivo, o casamento cria a expectativa de sentir-se apoiado e amparado pelo companheiro. A união de um casal alimenta ainda a idéia de fortalecimento: agora são dois para enfrentar o mundo. Tudo faz pensar que se ganha muito, e se perde pouco.

É difícil vislumbrar, nessa primeira etapa, as dificuldades ocasionadas pela convivência, como, por exemplo, as distintas formas de educação dos cônjuges e os desentendimentos daí decorrentes.

Casar-se, muitas vezes, é uma decisão motivada por razões "aparentemente externas" ao próprio casal. No entanto, indica uma situação de conflito interna, interpessoal. Um exemplo são os casamentos motivados por pessoas que querem se tornar independentes dos pais; por aqueles cujas famílias de origem propõem uma mudança de país ou de cidade; casamentos motivados pela separação dos próprios pais; ou, ainda, devido à morte de um dos progenitores. Qualquer situação dessas mobiliza ansiedades e ocasiona indecisões e conflitos que, como não podem ser enfrentados, são "evitados" por meio do casamento.

O casamento aparece assim como uma saída, como uma solução mágica que afasta os conflitos. O casal não consegue perceber que está sobrecarregando o vínculo de forma dificilmente suportável. Ao comprovar que a união não trouxe o alívio esperado, aparecerão, no futuro, a raiva e a frustração.

A união pode ainda estar vinculada a conflitos do próprio casal, que, quando estão na etapa do enamoramento, não podem se separar, por temer a solidão, nem podem estabelecer um vínculo satisfatório; assim, acabam criando o "entendimento" de que seus problemas são gerados pelo fato de não viverem juntos. O casamento é entendido, novamente aqui, como o espaço mágico que resolve problemas.

Nossa sociedade e educação colaboram para essa forma de compreensão, à medida que as mensagens transmitidas têm sempre o mesmo conteúdo: "A solução está no casamento".

Dificilmente um jovem é informado sobre as dificuldades da vida em comum e suas conseqüentes responsabilidades. Ele só poderia se dar conta por meio da convivência com sua própria família, porém este não é um tema conversado e, muito menos, ensinado. Os pais sempre querem passar para seus filhos um modelo de relação melhor do que o observado na realidade. Os jovens, por outro lado, desqualificam o modelo familiar em função de precisarem dele se distanciar; pensam que nunca terão as dificuldades de relacionamento de seus pais, por acreditarem que são provenientes da incapacidade de seus próprios pais para resolverem seus problemas. Eles imaginam, muitas vezes, que, quando casarem, estarão aptos a resolver, de maneiras mais fáceis e sábias, os conflitos com o parceiro.

Com o casamento, inicia-se o verdadeiro conhecimento entre os parceiros e, por meio da convivência, podem se estabelecer os ajustes entre eles.

Nessa primeira fase, cada um procurará impor ao outro seus próprios modelos e costumes e aceitará com dificuldade os do companheiro; os costumes podem ser muito diferentes, como, por exemplo, em relação ao sono, à alimentação e à organização do dinheiro. Existem famílias onde o ato de comer tem um sentido de cerimônia: é o momento de estar junto e de se comunicar. Existem outras em que o hábito é o de se alimentar em frente à televisão. Para algumas famílias, o ato de dormir é respeitado e vivido como uma necessidade.

Por tudo o que foi exposto, é compreensível que o início da vida em comum tenda a ser conturbado até que se organizem, ou não, alguns ajustes. O potencial individual e o próprio vínculo vão determinar se as dificuldades poderão ser resolvidas, se surgirá uma crise ou, ainda, uma separação.

Chegada do primeiro filho

Esta etapa se caracteriza pela passagem da situação a dois, vivida pelo casal até o momento, para a mobilizadora situação triangular.

Se o casal tem muitas carências e cada um exige do outro uma atenção exclusiva, que esteja ainda relacionada às necessidades infantis, a postergação que terá de tolerar com a presença do bebê será sentida como rejeição. O filho será vivido como um grande rival que toma para si o lugar de privilégios e de exclusividade.

O filho chega, muitas vezes, prematuramente, quando o casal ainda não encontrou pontos mínimos de equilíbrio ou quando não conseguiu se separar das famílias de origem. A chegada dos filhos é exigida, de alguma forma, pela sociedade e também pelos pais, que querem dar continuidade à família através dos netos.

A gravidez é um momento peculiar na vida de uma mulher, mas muitas vezes ela não pode ser vivida como tal. A sociedade tende a caracterizar a gravidez de uma forma romântica e "cor-de-rosa", como um momento de máxima realização. A mulher pode sentir toda a alegria da gestação, no entanto a exteriorização de outros sentimentos – como o medo, a angústia, ansiedades, ou a eventual e momentânea rejeição pelo filho – fica dificultada. A evidência desses sentimentos quebraria a idealização imposta tanto no plano familiar quanto no social.

Muitas vezes a mulher carrega sozinha certos temores, ou então os nega pela impossibilidade de compartilhá-los. O homem, também influenciado por essas pressões, freqüentemente não consegue entender as mudanças de toda ordem que ocorrem com sua mulher e com ele próprio, neste momento específico.

As modificações corporais da grávida acionam certas dificuldades para as quais ela deve se adaptar: perde o domínio do seu esquema corporal, a barriga agrega um peso que modifica sua postura, sua forma de caminhar e se sentar. Muitas mulheres se perguntam, com angústia, se voltarão a ter o corpo que perderam.

No primeiro trimestre de gravidez, a mulher, em geral, torna-se muito introspectiva, como se quisesse olhar para dentro da sua barriga e se conectar com o bebê. Dorme muito, sente-se cansada, não tem vontade de sair ou mesmo de se arrumar; esta conduta, de certo isolamento, pode também se manifestar em relação ao marido, que se sente muitas vezes rejeitado e dispensável.

No relacionamento sexual, alguns homens têm medo de que a penetração possa prejudicar o feto. Alguns casais não conseguem encontrar uma posição adequada e satisfatória para a realização do ato sexual, principalmente durante os últimos meses de gravidez. A barriga passa a ser algo "incômodo" que se interpõe entre os dois: é a situação triangular que se esboça desde a gravidez.

Alguns homens entram em competição com a gravidez de sua mulher; competição esta que não é assumida, e sim atuada. O homem observa a mulher nesse processo criador e decide, ele também, criar algo específico.

Ele pode dedicar-se a um artigo ou terminar uma tese que já estava esquecida. Se é industrial ou comerciante, tratará de ampliar os seus negócios

É freqüente o homem ter relacionamentos extraconjugais durante a gravidez de sua esposa, quando ele espera que o casamento lhe proporcione um vínculo protetor e reparador. Nesses casos, a presença do feto é vivida de uma forma tão ameaçadora que o homem tende a estabelecer outro relacionamento, buscando fora de casa uma substituição daquilo que julga ter perdido.

O filho pode ocupar diferentes lugares na família em função de como seja vivido por seus pais. Para alguns casais, o filho é um presente especial que o marido oferece à mulher, para que ela possa se ocupar. O filho também pode ser usado como uma forma de dar sentido à vida do casal, cujos laços estão debilitados. Algumas mulheres querem um filho visando a reconquistar o marido, em geral quando sentem que não estão recebendo a atenção desejada ou se vêem ameaçadas pela separação. Essas são algumas tentativas usadas, consciente ou inconscientemente, no intuito de resolver os conflitos. Entretanto, longe de melhorar a situação, a gravidez pode agregar ao vínculo novos complicadores, não solucionando antigos problemas.

Já havíamos mencionado o fato de que a chegada do primeiro filho cria para o casal uma nova dificuldade, que é a aceitação e a adaptação frente ao terceiro. Aqui começa um novo capítulo do casamento, que se caracteriza pelo desempenho frente à sobrevivência e à educação dos filhos: o casal é colocado à prova em sua dupla função de esposos e pais.

Esses papéis serão exercidos com relativa harmonia por casais que possuam certo equilíbrio vincular. Em se tratando de uma mulher que não tenha conseguido tornar-se independente frente à sua família de origem, provavelmente refugiar-se-á nela e entregará seu filho aos cuidados de sua mãe. Isso pode aparecer em racionalizações do tipo "Minha mãe tem mais experiência do que eu". O casal passa a almoçar e a jantar na casa dos pais-sogros e usa sua própria casa como um hotel. Não se sente capaz de assumir a organização de sua própria família nem de habitar a própria casa.

A dependência da criança e a necessária resposta de seus pais iniciam o desenvolvimento de um interjogo familiar que tem a finalidade de garantir a sobrevivência do filho. Para que a criança se desenvolva, física e psiquicamente, é fundamental que seus progenitores exerçam adequadamente as funções materna e paterna.

Crescimento dos filhos

À medida que os filhos vão crescendo, diminuem suas necessidades de cuidados constantes. Quando as crianças chegam aos 4 ou 5 anos, a mulher dispõe de mais tempo livre para dedicar-se ao trabalho, estudar ou desenvolver alguma outra atividade. Caso ela tenha deixado de trabalhar porque seus filhos eram muito pequenos, esse é o momento em que pensa em reintegrar-se ao mercado de trabalho.

Se o homem adiou alguma forma de crescimento para dedicar-se mais a seus filhos, agora é o tempo de recuperar o que perdeu. Esse é também o momento no qual o casal luta para obter melhores condições na área econômica e garantir as bases de um posterior desfrute. Isso pode estar relacionado à obtenção de uma casa própria ou a qualquer outro tipo de realização. A fim de conseguir seus propósitos, os casais por vezes dedicam esforços exagerados que podem chegar a comprometer a vida familiar.

Os filhos, por outro lado, têm necessidades a serem atendidas. Cria-se, assim, certa competição entre os desejos dos pais e as necessidades dos filhos. Já nas classes menos beneficiadas, o casal luta pela estrita sobrevivência. Esse quadro social força, muitas vezes, uma convivência escassa entre pais e filhos. Os filhos são cuidados por empregadas, creches ou berçários nas classe média e alta, e por irmãos e vizinhos na classe baixa.

A mulher vive, especialmente nessa etapa, momentos de muito sofrimento, sentindo-se totalmente dividida entre querer e ter de cuidar de seus filhos e querer e ter de cuidar de seu trabalho. O homem, em geral, sente menor pressão interna e externa do que as mulheres, para conciliar as demandas dispensadas aos filhos e ao trabalho. Isso acontece porque ele delega à mulher a educação e os cuidados da prole. Somente nos últimos anos o homem começou a ter mais contato com as crianças; a ele estava reservado somente o desempenho profissional.

A dupla função da mulher, que trabalha dentro e fora de casa, a coloca em uma posição de muita exigência, podendo ocasionar insatisfação e ressentimento do vínculo conjugal, por sentir-se "vítima" da situação. Algumas mulheres descobrem que, em vez de haverem conquistado uma situação de independência, se sobrecarregaram com uma jornada dupla de trabalho que, de resto, não conseguem cumprir como gostariam.

Com tantas exigências, a mulher se sobrecarrega e cai em um estado de culpa, pois sente que não consegue dar conta de todas as suas funções, e ainda sofre um grande desgaste físico e psíquico. Ela fica constantemente dividida: quando está no trabalho, deseja ficar com seu filho e, ao estar com este, pensa que está descuidando de sua casa e de seu marido.

Desprendimento e separação dos filhos

Quando os filhos chegam à adolescência, se produz necessariamente uma nova reestruturação familiar. Eles precisam tornar-se independentes, e este processo só pode se concretizar por meio do confronto com os pais. Por esse motivo, os adolescentes começam a questionar a família na qual estiveram imersos todos esses anos.

De acordo com o modelo da família, essa etapa pode ser muito dolorosa e conflituosa, especialmente para as famílias que vivem aglutinadas e sentem a independência como traição.

Se os filhos realmente se propõem certa independência, os pais fazem o impossível para evitar sua saída e qualquer meio é válido para mantê-los sufocadamente dentro de casa. Eles podem despertar a culpa dos filhos dizendo: "Eu me sacrifiquei tanto para criar você, e agora que preciso de sua companhia você nos abandona". Podem ameaçar com a desestabilização familiar: "Não poderei tolerar sua ausência, vou ficar doente e não poderei cuidar de mais ninguém". A ausência proposta pelo filho provavelmente não é definitiva, mas produz na mãe uma angústia enorme, porque ela sente modificar-se a dependência absoluta que o filho tinha dela. Em geral, essas colocações são mais verbalizadas pelas mães; mas o pai é cúmplice, uma vez que não interfere nem redimensiona a situação.

Pode ocorrer que, frente às fortes pressões familiares, os filhos desistam desse processo e, sem sabê-lo, renunciam ao seu próprio desenvolvimento e independência. Esses filhos permanecem atados, cumprindo o mandato familiar de desenvolver os cuidados recebidos, passando a cuidar, eles próprios, de seus pais. Conseguindo casar-se, farão alianças muito frágeis, uma vez que o vínculo mais forte e aprisionador continua sendo os que têm com os próprios pais. Um exemplo são os casais que, por qualquer desculpa, passam a viver na casa dos pais ou são vizinhos próximos, entrelaçando permanentemente a vida das duas famílias.

O casal que suporta a independência dos filhos, encarando-a como um acontecimento necessário para o crescimento deles, também sentirá dor pela separação, mas tentará, ao menos conscientemente, obstaculizar o mínimo possível o processo. Nessas famílias, igualmente, se dará uma reestruturação, uma vez que, de uma etapa em que os filhos estão muito presentes em casa, passa-se a outra, na qual eles ocupam uma posição de distância e têm de ser contemplados de longe. Os pais precisam ter um jogo de atitudes que não é fácil de ser adquirido: mostrar-se presentes sem ser invasivos, e colocar limites sem ser ditadores. Somado a esta dificuldade, está o confronto permanente que o filho estimula para conseguir se separar e se diferenciar, testando constantemente a autoridade dos pais. A adolescência dos filhos impõe aos pais um enfrentamento com suas próprias teorias e convicções. É relativamente fácil dar liberdade a um filho de cinco anos, assim como iniciá-lo na aprendizagem de sua sexualidade. Porém, isso se torna mais difícil com um filho de 15 anos, pois o pai reviverá seu próprio processo de independência e de iniciação sexual, mobilizando uma série de angústias a esse respeito.

Os pais geralmente se debatem na tentativa de encontrar um meio-termo entre a educação recebida e a que pretendem dar a seus filhos. Algumas vezes o modelo recebido por parte dos pais é totalmente rejeitado por não haver permitido a elaboração nem a integração dos vínculos com suas famílias de origem. Nesses casos, permanece algo como um vazio de referências do qual o adolescente "aproveita-se" para impor seu próprio modelo.

No caso de pais que insistem em reproduzir a educação recebida, a ação do tempo e a mudança de valores culturais aparecerão de forma mais acentuada nas relações familiares. A dificuldade maior dessa etapa consiste em aceitar o desprendimento dos filhos.

Novamente um casal

Quando os filhos se tornam adultos, geralmente saem da casa paterna. Assim, o casal que se transformou em família, de uma maneira muito diferente volta a conviver como casal.

Produz-se, então, um momento de avaliação tanto no terreno individual quanto no familiar. Esse momento pode ser gratificante se o sentimento é o de haver vivido satisfatoriamente nos dois terrenos; nesses casos pode haver uma maior aproximação do casal.

No entanto, o que se observa é uma situação bastante diferente. O casal reprova-se mutuamente por não poder assumir as frustrações de cada um. A mulher que se dedicou inteiramente aos filhos e à casa vê-se com as mãos vazias e não consegue dar um sentido à sua vida. O homem também tem um sentimento de vazio no momento de sua aposentadoria, e lhe é igualmente difícil encontrar um objetivo na vida. Por ser uma situação muito angustiante e de difícil solução, cada um responsabiliza o companheiro pela própria frustração, e dessa forma os dois criam discussões intermináveis que inclusive preenchem o vazio que tanto os incomoda.

Para os casais que conseguiram uma boa realização individual e um bom modo de convivência, esta etapa também é difícil. Freqüentemente associados a um declínio, os sinais de velhice começam a se evidenciar tanto no homem quanto na mulher. Ambos têm de aprender a viver a sós novamente, sem contar com a esperança do início de suas vidas, em que tudo devia ser criado. Podem usufruir o que já fizeram; e têm o afeto dos filhos e dos netos, se puderam estabelecer um bom relacionamento com eles.

Ao descrever as distintas etapas que uma família atravessa, tivemos a intenção de verificar as dificuldades esperadas dentro da particularidade de cada momento. As etapas podem abarcar um tempo maior ou menor, e sua resolução pode ocorrer das mais variadas formas. É importante assinalar que os obstáculos não-superados no início do casamento podem sobrecarregá-lo com as dificuldades decorrentes da etapa seguinte. Por isso, seria adequado que o casal em conflito pudesse requerer ajuda terapêutica, não postergando o pedido na esperança de que etapas futuras possam melhorar o vínculo. O raciocínio a fazer é exatamente o oposto, isto é, a passagem de um casal a uma família implica uma série de responsabilidades e exigências em plano físico e psíquico que atingem qualquer relacionamento. Especialmente nos casais imaturos afetivamente. Nesses casos, dificilmente toleram as necessidades dos filhos, uma vez que precisam resolver primeiro as suas próprias demandas.

As etapas descritas nos ajudam a perceber e a localizar o momento que o casal ou a família que nos procura está atravessando. Não podemos perder de vista, no entanto, que cada caso deve ser observado como único.

3
Sobre o encaminhamento

A psicologia é uma ciência relativamente nova, e por esse e outros motivos é pouco difundida, sendo que as pessoas geralmente desconhecem o seu alcance e os seus benefícios. Existe um preconceito bastante difundido entre uma parte menos informada da população, para a qual a pessoa que procura ajuda psicológica é incapaz de resolver seus próprios problemas, é "fraca" ou desequilibrada mentalmente.

Pensamos que esse preconceito está superado entre as pessoas mais informadas, até que nos defrontamos, no consultório, com um paciente que não pode contar a um amigo que está em tratamento por sentir vergonha ou por receio de prejudicar a sua imagem. Essa dificuldade que existe entre o terapeuta e seu possível paciente se vê ainda mais obstaculizada quando o paciente é uma família. Nesse caso, os pais têm de assumir que não são auto-suficientes para cuidar de seus filhos, o que em geral provoca uma sensação de fracasso, difícil de superar. Ainda que as relações entre os membros da família estejam carregadas de conflitos e de sofrimentos, adia-se a consulta com a esperança de que alguma mudança mágica modifique a situação.

Em função do que foi exposto, é compreensível que uma família não nos consulte espontaneamente, sendo mais comum que ela nos seja "mandada" para um tratamento. O encaminhamento pode se dar:

- por um colega que está atendendo a um membro da família;

- por um terapeuta infantil que vê as mudanças de seu paciente não serem bem recebidas pelos pais;
- pela escola, por meio da orientadora.

Exemplificamos, a seguir, as três formas de encaminhamento

O terapeuta que atende individualmente Roberto, um adolescente drogadicto, considera que seu paciente ocupa o lugar de "doente" em sua família. Esse papel depositado em Roberto o prejudica, mas "beneficia" os demais membros de sua família. O mais indicado seria um tratamento familiar que permitisse modificar essa estrutura distorcida, em que apenas um membro da família é reconhecido e apontado como doente. Esse enfoque ajudaria o tratamento individual. Poderíamos pensar nessa forma combinada de tratamento, individual e familiar, também no caso de haver um membro psicótico na família.
- Vamos supor que Joãozinho tenha 10 anos e inicie um tratamento por ser muito quieto, introvertido, não brincar e ser incapaz de responder verbalmente às perguntas de sua professora. No decorrer de seu tratamento, vai perdendo a inibição, ganhando segurança, e posteriormente começa a mostrar a sua agressão. Nesse momento, os pais podem se desorganizar pensando que "perderam" o filho submisso que de certa forma correspondia melhor ao funcionamento familiar, ainda que o comportamento anterior prejudicasse tanto Joãozinho quanto sua família. A terapeuta percebe a dificuldade desses pais em aceitar as mudanças do filho e, frente à ameaça de interromperem o tratamento, decide encaminhá-los a um tratamento familiar ou de casal.
- Outra forma de encaminhamento habitual ocorre por parte da escola quando a orientadora convoca os pais após observar determinadas dificuldades no comportamento ou no processo de aprendizagem de um aluno; nessa entrevista, a escola descobre que a família está atravessando uma situação de crise, e sugere um tratamento familiar.

Começar a trabalhar com essas famílias que nos são "mandadas", sem um esclarecimento prévio nem uma tomada de consciência de suas dificuldades, pode ser um mau início. Reconheço que, na procura de um terapeuta, os pais estão aceitando a situação de crise, porém estão dispostos apenas a verificar os problemas referentes ao filho ou ao membro da família identificado como doente, sem se incluírem na situação.

Para superar esse obstáculo, proponho uma série de entrevistas familiares com o objetivo de analisar as possibilidades "reais" de um tratamento, levando-se em consideração a problemática que pode trazer a família como um todo, e procurando mostrar-lhe como cada um se exclui da situação enfatizando apenas a conduta do membro considerado "doente".

Com essa proposta, não eliminamos as resistências nem o desejo de permanecerem alheios a uma situação conflituosa. Porém, ao favorecer o aparecimento dos problemas de diferentes membros da família, esses poderão se colocar, aos poucos, na situação de pacientes.

Quando se oferece a uma família um continente adequado para que todos possam falar com a expectativa de serem igualmente ouvidos e entendidos em suas necessidades, passam por uma experiência inédita que em geral os estimula a prosseguir. Vislumbram também a possibilidade de ocorrer mudanças produtivas, diferentes das soluções "mágicas" que algumas vezes pensaram. Podem conectar-se melhor com as dificuldades reconhecidas, agora, por eles próprios, e não apenas por quem os encaminhou.

Se começarmos a trabalhar desde o primeiro momento com interpretações, que até podem ser precisas, mas que carecem de *timing* corre-se o risco de que a família "mandada" transborde em ansiedade e abandone o tratamento. Na realidade, quando uma família é "mandada", ela ainda não decidiu totalmente quanto ao seu tratamento. Uma série de entrevistas tem como finalidade abordar justamente esse tema e descentralizar o olhar direcionado para o "doente".

É importante esclarecer que não se trata de "reter" uma família, mas simplesmente de dar-lhe um espaço e um tempo no qual o terapeuta consiga transmitir-lhe condições de segurança psicológica favoráveis a uma maior aproximação de seus conflitos enquanto família.

Quando a psicologia estiver mais difundida e se conhecer melhor o seu alcance, quando existirem mais trabalhos institucionais, então o acesso de uma família ao psicólogo estará facilitado. Hoje, a família que por iniciativa própria pede um tratamento é aquela que tem certa proximidade com a Psicologia.

Instituições

Temos observado que nas "clínicas-escolas" que funcionam nas faculdades de psicologia nas quais são realizados tratamentos com casais e famílias, existe um alto índice de desistência da terapia. Esta situação pode ter várias causas. É provável que uma delas seja a pouca experiência dos terapeutas que atendem nesses locais, estagiários e que ainda são alunos em formação dos cursos de Psicologia.

Outra causa pode estar nas expectativas da família de que o filho melhore rapidamente com o tratamento e de que esse seja breve. A família que chega a esse tipo de instituição freqüentemente tem poucos recursos e apresenta um baixo nível de instrução. Geralmente, é encaminhada à instituição pela orientadora da escola, ou por alguns serviços de Psicologia ou de Psiquiatria que não trabalham com terapia familiar. A família não sabe muito bem porque está na instituição, e menos ainda o que se faz dentro dela. Observamos, na primeira entrevista, que veio em busca de uma resolução para o problema do filho. Quer conselhos para poder tratá-lo e espera que, com algumas instruções que os profissionais puderem dar, o filho irá melhorar logo. Busca um diagnóstico claro que dê conta das causas do conflito. Fica frustrada quando não obtém respostas imediatas a essas demandas. Para a família é bastante difícil compreender porque os pais também precisam ser tratados se as dificuldades estão no filho.

A proposta de um tratamento familiar é bastante mobilizadora e gera ansiedade. Para que se chegue a uma mudança e a terapia possa ajudar, é imprescindível que todos os membros da família participem.

Penso que toda primeira entrevista tem um certo "clima" que o analista pode detectar por meio da ausência ou da presença de angústia, de irritação, de violência, de ironia. A característica que aparece com mais freqüência nessas famílias, durante a entrevista, é uma postura de certa distância e de perplexidade. Essas famílias associam o trabalho do psicólogo ao modelo médico. Quando vamos ao médico, nossa expectativa é a de que ele peça exames, marque um retorno para apreciá-los e, na segunda consulta, receite um remédio ou tratamento breve. Caso não sejamos portadores de uma doença que demande um tratamento prolongado, tomamos o remédio até a cura, e não retornamos ao médico, ou, pelo menos, ficamos sem revê-lo por um bom tempo. Como a família pensa que o tratamento psicológico se assemelha ao do médico, pelo menos no tocante à duração do tratamento, ela resiste ao ser informada de que deverá comparecer freqüentemente ao psicólogo, às vezes por meses ou até anos. Frases como "ao médico vamos uma vez cada ano" ou "por que temos de vir tantas vezes?", são geralmente ouvidas nas primeiras entrevistas.

Por todas essas razões podemos supor que tais famílias têm pouco preparo e disponibilidade para um tratamento. Essas observações nos levaram a pensar no tipo de enquadre a ser proposto para propiciar a permanência das famílias na terapia. Para poder salvar os obstáculos encontrados realizamos uma série de cinco ou seis entrevistas com a família, para esclarecer o trabalho terapêutico e tornar possível o tratamento. Alberto Eiguer, psicanalista argentino, afirma que, erroneamente, existe uma tendência de considerar a demanda como uma decisão irremovível. Ele também diz que raramente a demanda é considerada como um desejo que pode evoluir, que pode tomar forma graças às intervenções do analista nas primeiras entrevistas. Conseqüentemente, podemos pensar em uma concepção dinâmica da demanda.

Embora nas primeiras entrevistas os membros da família não saibam bem o que vieram procurar, à medida que os encontros se repetem e a terapia progride, eles percebem os motivos do tratamento. Nessas entrevistas, o psicólogo também procura explicar à família no que consiste o processo terapêutico, para que essa conheça sua forma de trabalho. Com isso, ele facilita a realização de seu objetivo, que é poder pensar junto com os membros da família o que lhes está ocorrendo e ressignificar seus conflitos. E a família pode descobrir que é útil ter um espaço de reflexão e de continência, embora não receba conselhos como, a princípio, buscava.

Quando a família pode permanecer no tratamento e consegue usufruir seus benefícios, observamos que é mais forte a transferência com a instituição do que com o analista. Isso tem sentido porque ela foi primeiro recebida na triagem, e depois foi para o tratamento. A família não consegue escolher nenhum dos dois profissionais, nem o que o atenderá na triagem nem o que receberá na terapia, porém ela veio buscando uma instituição e foi bem acolhida.

Como o casal chega ao tratamento

Um casal pode se apresentar de formas diferentes no consultório. Os casais, em geral, mostram-se mais dispostos a se tratar em dupla do que individualmente. Ocorre que alguns casais nos procuram apenas para confirmar que um deles tem razão, e que quem necessita de tratamento é o outro. Sua presença se deve mais a um papel de acompanhante do que de paciente. Outros casais se apresentam ao tratamento na condição de pacientes, mas de forma indiscriminada, como se fosse mais fácil assumir juntos que são "culpados", e, desse modo, evitar a responsabilidade de cada um na situação. Esses casais muitas vezes assumem uma terapia de casal a fim de evitar um tratamento individual.

Um casal pode também ser encaminhado pelo terapeuta de um deles, como no exemplo que descreveremos a seguir: Mário, 27 anos, e Suzana, 25 anos, chegam na hora marcada. Estão bem vestidos e nada em seus aspectos chama a atenção. Ele é engenheiro, ela é psicóloga e se conheceram em uma viagem de férias. Logo que chegam, olham um para o outro e sorriem. A terapeuta esclarece que podem começar a falar das dificuldades que os trouxeram ao consultório. E eles iniciam a entrevista:
Suzana: "Eu não tenho dificuldades. Faço terapia individual e meu terapeuta falou que seria conveniente procurarmos uma terapia de casal".
Terapeuta, para Mário: "E você?".
Mário: "Eu vim para ajudá-la; se o terapeuta dela disse isso, quero colaborar. É uma forma, imagino, de nos entendermos melhor porque você sabe: sempre existem coisas...". Silêncio. Trocam olhares entre eles.
Terapeuta, para Suzana: "Você se recorda em que momento seu terapeuta lhe deu essa indicação?".
Suzana: "Não. Além disso, não creio que esse seja o lugar para falar da minha terapia individual".
Terapeuta: "Claro que não, foi apenas uma forma de saber o que motivou a indicação".
Suzana: "Eu queria saber um pouco como isso funciona. Não sei o que é uma terapia de casal".
Terapeuta: "Ela tem os mesmos princípios que uma terapia individual".
(Silêncio prolongado no qual há troca de olhares entre os dois e sorrisos.)
Terapeuta: "Gostaria de saber como se conheceram e como se organizaram como casal".
Mário (animado): "Foi em uma viagem de férias. Eu estava com um amigo e Suzana com um grupo de colegas da faculdade. Foi muito bonito, foi um amor à primeira vista. Depois dessas férias não nos separamos mais".
Suzana, para a terapeuta: "Gostaria que me contasse mais sobre essa terapia, porque não sei muito bem do que falar".

Terapeuta: "Parece que a dificuldade existe porque vocês não sabem muito bem por que estão aqui".
Suzana, para Mário: "Não, realmente eu não sei. Não creio que tenhamos tantos problemas. Por isso acho que, se você nos mostrasse a necessidade de realizarmos esse tratamento, talvez o façamos. Que lhe parece?".
Mário, para Suzana: "Você sabe que eu quero te ajudar e essa me parece uma boa idéia; acredito que seja uma forma de te conhecer e te acompanhar melhor".
Terapeuta: "Mas, para vocês, qual seria o motivo de realizar um tratamento?".
Mário: "Bem, para nos conhecermos melhor, ver por que brigamos, ainda que não briguemos tanto; eu não sei muito bem, nunca estive numa situação parecida. Suzana sabe mais porque ela faz terapia; ela sentiu essa necessidade; eu nunca senti nada".
A terapeuta encerra a entrevista antes do tempo e propõe outro encontro onde será definido se querem ou não ser tratados.

Comentários

Essa entrevista foi realizada por uma pessoa pouco experiente, e a escolhemos porque exemplifica bem a dificuldade em trabalharmos com uma pessoa "mandada" para o tratamento. A terapeuta encerra antecipadamente a entrevista por não conseguir tolerar uma situação vivida como "sem saída". Ela se sente muito exigida a dar uma resposta que não sabe qual é, e por sua vez exige que seus pacientes dêem uma resposta que também não sabem dar. A terapeuta quer encontrar o motivo da consulta, e os pacientes querem ser "convencidos" da necessidade do tratamento. Estabeleceu-se um círculo vicioso. Se o terapeuta de Suzana teve seus motivos para encaminhá-la, o fato é que esta indicação obteve alguma ressonância para que o casal estivesse ali. Portanto, não era necessário preocupar-se em descobrir por que Suzana e Mário estavam ali, mas de que maneira estavam. Vemos que estão de uma maneira muito resistente, não podendo abrir nenhuma brecha para serem olhados. Não trazem a relação para ser cuidada; os dois colocam em Suzana a responsabilidade do tratamento; Mário funciona como colaborador que observa "de fora" o que se passa.

O que, talvez, permitisse dar um curso mais produtivo à entrevista seria ter-lhes mostrado o seu funcionamento e ter trabalhado com a ressonância que, inclusive, permitiu que estivessem ali. Poderíamos pensar também na atitude de submissão ao que se encontra fora deles, ou seja, o terapeuta de Suzana, que lhes diz o que fazer. Ambos buscam "ser conhecidos" pela terapeuta, buscam "ser estimulados" por ela, como se eles próprios não pudessem saber o que acontece com cada um e com a relação, como se não pudessem conectar-se com seu estado emocional. Esse tipo de funcionamento dos dois nos permitiria entender melhor a resistência, mas seria prematuro interpretá-lo, uma vez que se apresentam dessa maneira justamente porque têm medo de conectar-se com seu mundo interno e isso deve ser respeitado e cuidadosamente trabalhado. Eles se apresentam dessa forma simplesmente porque não podem estar de outra maneira.

A terapeuta sentiu-se irritada e desinteressada em alguns momentos da entrevista; em outros, se viu cobrada e ineficiente. É importante, contudo, aceitar que eles só puderam estar ali porque foram "mandados" e, a partir de então, ir desvendando se podem estar ali por eles próprios.

Partimos da idéia de que quando um casal ou uma família pede ajuda é porque não consegue tolerar o grau de ansiedade produzido por algum fator ou acontecimento desencadeante, ou pela desorganização psíquica provocada pela deterioração que sobrévem o suportar, durante muito tempo, uma relação conflituosa sem solução. O casal ou a família está em crise porque perdeu o equilíbrio precário em que se mantinha até o momento, de forma mais harmônica.[1]

---

[1] Existem situações que funcionam como desencadeantes de crises, como por exemplo mudanças de cidade ou de país, alterações econômicas e sociais, nascimento de um filho, mortes etc.. Todo casal e toda família passam por etapas críticas em que têm de responder com um grau de maturidade maior às dificuldades que se apresentam.

Sobre o enquadre

Temos gratamente observado, nos últimos tempos, um aumento do interesse por parte dos psicólogos e psicanalistas em atender casais e famílias – e visto também um considerável aumento das publicações acerca desses temas. Mesmo assim se compararmos a quantidade de profissionais que escolhem trabalhar com pacientes individuais comprovaremos que o campo de atuação ainda continua restrito.

Considero que uma das dificuldades que limita o interesse por parte dos profissionais em atender casais e famílias é o tipo de enquadre que são obrigados a manter quanto aos atendimentos. Pois estando o terapeuta sentado na frente da família fica passível de ser observado o tempo todo por cada um dos membros. Durante a terapia, os pacientes podem ver qualquer gesto e movimento do analista, deixando-o em um lugar muito mais exigente e exposto. Ele tem de responder também à demanda de duas ou mais pessoas quase que ao mesmo tempo. Já o analista que trabalha com terapia individual permanece em um espaço mais protegido, não fica dentro do campo de observação de seu paciente, a interlocução se dá somente entre duas pessoas, e isso propicia maior tranqüilidade para ele poder pensar sobre seu cliente.

Maria Cristina Rojas, psicanalista argentina, define o *dispositivo analítico* como um conjunto de regras e de procedimentos que o analista propõe ao paciente para instaurar e regular o processo analítico. A função dessas regras é altamente determinante para cada tipo de tratamento. Com o dispositivo analítico a situação analítica é instaurada para que, nesse espaço, algo se construa.

A situação espacial marca uma grande diferença entre a terapia individual e a familiar.

No caso da análise individual, o divã impõe ao paciente certo distanciamento do mundo exterior, anula seu olhar para com o analista e recorta a motricidade.

Tudo isso hierarquiza a expansão do mundo fantasmático, convidando o paciente a um percurso do intra-subjetivo, onde o outro se faz presente só como imagem. A especificidade desse enquadre favorece uma privação sensorial que afeta mais o paciente do que o analista. O analista também pode deter-se nas expressões corporais do paciente, e no seu discurso verbal, podendo incluir o que vê na sua interpretação. O enquadre cara a cara promove uma diferente observação permitindo incorporar o não-verbal mais claramente, já que o olhar do analista dá ao corpo uma nova capacidade de expressão.

Isidoro Berenstein, psicanalista argentino diz: "A seção psicanalítica individual é o campo observacional para a superfície mental e a seção psicanalítica familiar é o campo observacional para a superfície vincular". Quando a seção de psicanálise é individual, o fundamental é observar a estrutura representacional despregada no relato do paciente, cujo sentido depende da relação que este estabelece com o analista.

A superfície vincular é a configuração das relações emocionais desenvolvidas entre os membros familiares com o analista na sessão. Contém a conjunção entre os objetos virtuais e os objetos reais significados pelo ego. Os objetos reais têm a possibilidade de aceitar ou de rejeitar a adjudicação dos objetos virtuais. Esse campo de trabalho com as famílias abre uma modalidade específica porque é muito diferente falar de um outro estando este presente ou ausente.

Na sessão familiar estaríamos fazendo um recorte, no qual a presença e a intervenção do analista alterariam a estrutura da família, dado que esta tem uma relação duradoura e estável antes e depois da sessão. Trabalhar com a família possibilita alcançar um tipo de material que não apareceria em um tratamento individual. O outro familiar existente aqui e agora e do passado como relação objetal interiorizada nunca coincide. É justamente na sessão familiar que essas diferenças podem aparecer. Esse enquadre possibilita a confrontação entre o outro como fantasma intrasubjetivo e a pessoa familiar correspondente. A seguir, ilustrarei com um caso:

Atendi uma família cuja filha, uma jovem de 25 anos, se queixava da relação ruim que mantinha com sua mãe. Ela reclamava da educação rigorosa que a mãe lhe havia dado, oposta à atitude complacente desta para com seu outro filho. Ele sempre havia feito o que bem entendia, sem levar as devidas reprimendas – a mãe nunca lhe impunha limites –, o que perdurava até aquele momento. E agora o jovem havia se tornado quase um delinqüente. Nesse momento, a mãe aceitou que nunca conseguira pôr limites no filho. Afirmou que ele sempre lhe demandara muito trabalho e que, quando criança, era muito revoltado, autoritário, agressivo e fazia xixi na cama. Aflita com essa situação, ela o levara a um psiquiatra. Depois de fazer alguns exames no menino, o psiquiatra falou que era melhor deixá-lo ser agressivo e autoritário, porque, se fosse reprimido, poderia tornar-se homossexual. A filha ficou muito surpresa e disse que nunca soube dessa história.

Esse dado abriu um ângulo diferente, porque foi essa a primeira vez que a mãe reconheceu a falta de limites do filho. Até aquele momento, cada vez que a filha tocava no assunto sua mãe a acusava de ser muito ciumenta. Em outras oportunidades a filha se queixava de que a mãe distorcia ou desqualificava suas percepções. Por isso, esse reconhecimento da mãe foi muito significativo para a filha.

Obviamente nós sabemos que a relação entre mãe e filha também deve ser entendida à luz da dinâmica familiar como um todo.

Compartilho a idéia de Ricardo Gaspari, psicanalista argentino, quando ele fala que a análise da "família interna" feita no divã não é equiparável à análise da estrutura familiar feita na sessão familiar, na confrontação com os outros membros reais do grupo, situação em que se pode realizar um trabalho elaborativo conjunto.

A psicanálise de família opera dentro de um campo específico que lhe é próprio. Podemos defini-lo como um processo mediante o qual transitaremos o caminho entre o sem sentido para a significação a partir do material desenvolvido na sessão por todos os membros da família.

Dentro da sessão deve-se produzir o que René Kaës, psicanalista francês, chama a "cadeia associativa grupal", na qual a fala de um participante promoverá associações no outro e vice-versa. Dessa forma, o analista poderá realizar interpretações com o intuito de tornar consciente o significado inconsciente que, por sua vez, promoverá novas associações.

Propomos um enquadre que opere como um marco de contenção, oferecendo um espaço físico estável, com uma freqüência regular de sessões que possibilite o reencontro da família em um marco seguro. O analista garante também que todos os membros serão igualmente ouvidos, e que terão um lugar permanentemente reservado dentro do tratamento, mesmo que não compareçam à seção. Dessa forma a família poderá se sentir mais segura para levar fatos, histórias, fantasmas, sonhos ou fantasias à terapia.

O enquadre propõe a presença de pelo menos um membro de cada geração, ou seja, um dos pais e um dos filhos. Pede-se à família que se expresse sem nenhuma restrição e que no relato também possam participar os demais membros. No tratamento familiar a associação livre aparece na forma de encadeamentos que vão tomando sentido para cada um dos membros durante o relato. Esta proposta possibilita que a família consiga reeditar, em melhores condições, o intercâmbio entre seus membros.

O enquadre permite criar um tipo de contato que, em geral, os membros da família não conseguem ter quando estão fora da sessão, especialmente quando querem abordar temas conflituosos. Nessas ocasiões, freqüentemente os membros se atropelam para falar, ou algum deles permanece mudo ou emburrado, ou se agridem com facilidade e o intercâmbio entre a família é frustrado.

A partir desse ponto de vista podemos pensar que o próprio enquadre tem uma função terapêutica. O enquadre sustentado pelo analista permite ir criando uma trama de continência na qual se podem despregar os conteúdos encobridores, que serão revelados por meio das interpretações no percurso do tratamento.

No tratamento familiar, cada integrante poderá conhecer o grupo no qual está incluído. Pode descobrir como é condicionado ao outro e que, por sua vez, também é condicionador. O tratamento de família estará focalizado nas inter-relações de seus membros e consideramos que o paciente será sempre a família. Observamos, na prática clínica, que é difícil uma família se apresentar como grupo para ser tratada por seus problemas de comunicação ou de convivência, ou por ter um alto grau de sofrimento. Freqüentemente, o casal solicita uma consulta para tratar um dos filhos. Os pais acedem ao tratamento, mas se colocam no lugar de colaboradores. Até o membro mais sadio de uma família pode tentar funcionar como co-terapeuta. O lugar de co-participantes, de co-responsáveis pelos conflitos familiares é freqüentemente rejeitado pelo grupo. A família traz uma demanda estruturada, pois seus membros estabeleceram um consenso a respeito de quem é o doente. Isso é o que permite o pedido de consulta.

Eiguer afirma que a demanda é sempre ambivalente: "Uma pessoa, mesmo desejando abertamente ser tratada, está dividida entre o desejo e o não desejo". Em alguma parte ela não quer, ela resiste e tem medo. Essa ambivalência também pode ser observada em algumas famílias – em um mesmo núcleo familiar, alguns membros querem participar do tratamento, enquanto outros o rejeitam. Isso acontece, em parte, porque a família pode ficar incomodada quando o analista não trata da demanda como esta lhe é apresentada mas, ao contrário, tenta compreender melhor o que está acontecendo com o grupo, para ampliar o quadro a ser analisado e, para isso, quer ouvir todos os seus membros.

Quando surge um sintoma em um dos membros de uma família, este é considerado "doente" pelo grupo. Seus familiares o responsabilizam pelos problemas que acontecem entre eles. Assim, ele passa a ser o único membro comprometido da família. Pensamos que esta é uma forma do grupo evitar o sentimento de angústia provocado pelo conflito que o compromete. Entendemos que a existência de um membro doente implica o compromisso da estrutura familiar, na qual cada membro contribui para que a configuração familiar se cristalize e se mantenha como está.

A família vai à consulta porque quer que seu membro doente seja tratado. Existe um descompasso entre a demanda com que a família chega ao tratamento e o que o analista pode lhe oferecer. A demanda da família está baseada no pedido de uma ação rápida do analista, no sentido de fazer com que o grupo consiga restabelecer o equilíbrio perdido. De acordo com a família, o desequilíbrio teria sido provocado pelo "desvio" de um de seus integrantes.

Entretanto, o analista convida o grupo a pensar sobre suas relações familiares como um todo, abrindo um espaço de reflexão, por meio do qual possam encontrar um significado para os problemas que os perturbam. Para que o tratamento consiga prosseguir, a família precisa tolerar esse compasso de espera entre a sua necessidade de urgência e as possibilidades que lhe oferece o tratamento.

Em certa ocasião, numa segunda-feira, os membros de uma família me telefonaram e me disseram que tinham estado, na sexta-feira anterior, em meu consultório, mas não me encontraram. Contaram-me que, naquela sexta-feira, foram ao pediatra porque estavam muito angustiados pelos problemas do filho e que, como o médico lhes indicou meu nome, decidiram passar, no mesmo dia, em meu consultório, para que eu os atendesse. Percebi que havia uma certa cobrança implícita no que me disseram: eu ainda não os conhecia e já era devedora por não estar na hora que eles me procuraram. Essa atitude me fez pensar se a tal família poderia tolerar a espera que todo processo de tratamento exige.

O tratamento familiar possui suas especificidades como, por exemplo, o processo diferente pelo qual passa a interpretação, em relação à terapia individual, já que sempre será vincular, e embora se dirija às vezes só a uma pessoa da família, a interpretação terá uma ressonância distinta para cada um de seus membros, podendo ser ouvida, negada, ou, ainda, provocar novas associações, desenhando um movimento espiralado. Isso ocorrerá tanto nos tratamentos de casais, quanto nos de famílias. O analista busca, por meio da interpretação, provocar um processo de abertura para outras associações. A interpretação pode mostrar ao grupo que a fala do analista pode promover, em cada paciente, uma série de reações e associações. Do mesmo modo, as reações de um dos parceiros – no caso do casal – ou de um dos membros do grupo pode também provocar reações e associações nos outros.

Como eu já disse, é comum um cônjuge colocar toda responsabilidade pelos problemas do relacionamento no parceiro. Muitos pensam também que com outro parceiro não teriam tantas dificuldades, como se fosse possível não levar para uma nova relação conflitos internos que o indivíduo não tratou, nem resolveu durante a relação anterior ou após o seu término.

Há pacientes que desde o primeiro contato pelo telefone se queixam da relação. Um deles pode pedir com insistência uma consulta, mostrando-se totalmente disposto para a terapia, mas fala do parceiro como sendo o problemático e critica sua resistência ao tratamento. Quem solicita a consulta dessa maneira se coloca no lugar de uma espécie de aliado do analista, como se estivesse "fora da relação". Já dentro da sessão cada parceiro acusa o outro pelos problemas do casal, cada um deles se omite da responsabilidade dentro do vínculo.

É tarefa do analista ouvir mais além do reproche com o qual o casal costuma ocupar a sessão. Isto ocorre porque os dois parceiros dificilmente se visualizam como tendo uma relação conflituosa e participativa e têm dificuldade de compreender que os conflitos são produzidos pelos dois dentro da relação vincular. A interpretação deve permitir que os conflitos sejam pensados dentro do vínculo, e que os dois membros do casal possam ir se reconhecendo como co-participantes da relação.

Pedido de completude

Quando um parceiro escolhe o outro esperando ser "salvo" por ele da angústia de saber-se limitado e incompleto, angústia sentida por todo ser humano, coloca-o em uma missão impossível. Com esses alicerces, a relação provavelmente fracassará. Ambos encontrarão, no transcurso do relacionamento, muitas desilusões. O processo acarretará grande sofrimento e provavelmente provocará condutas de violência e de maltrato entre eles quando finalmente se depararem com o próprio desamparo. O parceiro passa a ser o responsável por não ter cumprido com a ilusão de amparo e completude. O parceiro que deseja ser "salvo" exige que o outro esteja sempre disposto a atender suas necessidades. Ele não consegue perceber, nem levar em consideração as necessidades e sofrimentos do outro.

O casal Ana e Jorge veio em meu consultório para se tratar. Já na primeira entrevista, os dois chegaram emburrados, brigando, e mostraram claramente a expectativa que cada um tinha em relação ao outro. E, nesse caso, a expectativa do casal podia funcionar para desviar sua atenção de outras questões, mais difíceis de lidar.

Durante a entrevista, *Ana diz*: "Jorge foi mais uma vez estúpido comigo: gritou e me xingou só porque me atrasei 10 minutos quando tínhamos de ir ao enterro".
Jorge responde: "Eu não suporto mais ser desrespeitado. Você me deixa esperando sempre como se eu fosse um idiota".
Ana retruca: "Você também muitas vezes não está a meu lado no exato momento que eu preciso e eu não te agrido por causa disso".
Jorge diz: "Existem distintos tipos de agressão. Agredir não é apenas gritar. Você também me agride quando me deixa esperando. Quando faz isso, penso que para você outras coisas são sempre mais importantes do que eu".

Eu digo: "Esta briga tão acirrada parece ter para vocês a função de esquecer a morte. Vocês estão me comunicando que foram a um enterro, mas não disseram quem morreu".
Ana diz: " Minha avó morreu. Eu gostava muito dela, que foi como uma mãe para mim. Ela me criou".
Jorge: "Ontem eu sonhei que minha mãe morria e acordei muito aflito. Tenho uma relação complicada com ela. Sempre reclamo porque ela me "abandonou" e me deixou muito sozinho na minha infância".

A interpretação do analista foi dada ao casal, porém teve uma ressonância pessoal para cada um dos parceiros: os dois foram remetidos à sua etapa infantil. A demanda com o parceiro é que ele possa responder a uma necessidade imediata.

4
Distintos momentos do processo terapêutico

Consideramos que, quando um casal ou uma família consultam um profissional, inicia, a partir daí, um processo que poderíamos reconhecer como terapêutico. Isso porque entendemos que esse movimento implica no reconhecimento de um estado conflituoso. O pedido de ajuda permite a intermediação do profissional como uma possível tentativa de saída dessa situação.

Quando uma pessoa se sente mal fisicamente, com sintomas bem determinados, como febre alta ou dores agudas, não tarda em pedir ajuda a um médico. Nesse caso a distinção entre saúde e doença fica bem delimitada, e tanto o reconhecimento da doença como o pedido de ajuda transcorrem por um caminho claro e definido.

A dificuldade frente a um pedido de ajuda tanto no campo psicológico quanto orgânico ocorre quando o indivíduo não tem consciência de que está doente e não reconhece a necessidade de um pedido de ajuda. Psicologicamente, esse "desconhecimento" da doença e a tolerância ao sofrimento permitem uma ramificação e uma ampliação dos seus contornos. Por exemplo, quando o vínculo de um casal começa a deteriorar-se, a enfermidade pode facilmente provocar sintomas também nos filhos.

Quando o sofrimento vincular se torna intolerável, e não é possível reconhecer a sua enfermidade, buscam-se saídas, como a separação ou vínculos extraconjugais, para aliviar o sofrimento. Essas saídas não trazem uma compreensão real da situação de conflito. Consideramos, então, que o pedido de ajuda indica uma reflexão sobre a situação e uma possível solução. No entanto, essa proposta de tratamento em alguns casos frustra o paciente porque, ao reconhecer seu alto grau de sofrimento, ele espera um alívio imediato. É preciso que ele tolere esperar pelos resultados terapêuticos, que não são instantâneos.

Quando um casal se dispõe a realizar um tratamento, passará por distintas etapas. O terapeuta pode propor-se a pensar cada uma dessas etapas em si mesma para extrair informações sobre os pacientes, levando em consideração que cada caso é um caso particular; pode ainda elaborar um diagnóstico que lhe permita sugerir, com maior clareza, uma indicação terapêutica.

Pautar por etapas o processo terapêutico para casais ou famílias é apenas uma maneira de trabalhar, uma forma de aproximação do caso que o profissional pode ou não utilizar como recurso. A delimitação dessas etapas é didática, uma vez que, na prática clínica, elas nem sempre aparecem tão definidas. Podemos, enfim, apontar seis etapas ou momentos terapêuticos: a pré-entrevista, a primeira entrevista, as entrevistas informativas, o contrato terapêutico, o tratamento e o final do processo.

Pré-entrevista

Chamarei de pré-entrevista o pedido de consulta feita, em geral, por telefone. Para eliminar interferências e possíveis mal-entendidos, convém evitar que esse primeiro contato seja feito por meio da secretária. Ela anotará somente o nome e o número de telefone da pessoa a que se pretende tratar. É importante estar atento a quem do casal, se o homem ou a mulher, faz o pedido de consulta, e de que forma isso se dá – se a pessoa está ansiosa, se, já por telefone, quer começar a contar como está e, ainda, se tem uma atitude sedutora.

Quem do casal toma a iniciativa do pedido de ajuda provavelmente "gestou" o tratamento e provavelmente também se sente responsável por ele. Mas a mesma pessoa que, num primeiro momento, propiciou o tratamento, em outra ocasião pode mostrar-se resistente.

Descreverei, em seguida, uma pré-entrevista para exemplificar o seu alcance.

O casal que pede a entrevista é : Marta e Tiago
Numa sexta-feira estou em minha casa, quando uma mulher me telefona, dizendo que ela e o marido estiveram em meu consultório, encaminhados pelo seu ginecologista. Foram até lá porque queriam ser atendidos naquele momento, mas ninguém o fez.
"Você poderia nos atender agora?", pergunta-me ela.
Respondo que terminei de atender às consultas marcadas e que poderia vê-los na segunda-feira. Ela insiste para que os atenda no sábado ou no domingo, e respondo que, nesses dias, não costumo trabalhar. Esclareço que somente abro exceções para atender em fins-de-semana somente à pacientes que estejam em tratamento e que por alguma situação específica de luto ou separação precisem ser atendidos. Por fim, acabamos marcando um horário na segunda-feira.

Essa pré-entrevista augurava um prognóstico frustrante, uma vez que o tratamento do casal não pode ser considerado como uma situação de pronto-socorro, mas como um processo demorado, que não pode estar baseado na urgência.

Toda pessoa que pede uma consulta o faz com certo grau de urgência e de ansiedade; no entanto, se ela não dispõe de alguma tolerância, nos impede o trabalho, uma vez que não contamos com recursos de efeitos rápidos, e muito menos imediatos.

A frase "Hoje estivemos em seu consultório e ninguém nos atendeu" demonstra que o casal se encontrava em um momento de grande necessidade, como um bebê faminto que deveria ter sido alimentado duas horas atrás. Dizendo: "Queríamos ter sido atendidos naquele momento", não permitiram um espaço mínimo de tempo para conhecê-los. Assim como se anunciaram de forma invasiva, provavelmente sairiam com a mesma rapidez e enraivecidos por não ter sido acalmados em sua urgente necessidade.

Primeira entrevista do casal Marta e Tiago:

No dia marcado, o casal chegou com 15 minutos de atraso. Marta, muito angustiada, conta que está grávida de quase quatro meses e quer fazer um aborto porque tomaram a decisão de separar-se. O ginecologista os havia encaminhado ao percebê-los muito nervosos e confusos.

Proponho que me contem como chegaram a tomar essas duas decisões: o aborto e a separação. Essa pergunta gera uma discussão, pois, evidentemente, essas decisões não existiam. Cada um deles tinha uma visão e um desejo diferente para resolver a situação. Tiago queria continuar a relação, mas não ter o filho. Marta queria separar-se e ter o bebê. Essa era a situação verbalizada, porém a impressão que davam era de pouca convicção de suas afirmações, e que suas opiniões poderiam ser facilmente alteradas. Ambos queriam falar ao mesmo tempo, desqualificando-se mutuamente com comentários do tipo: "Isso não é verdade", "Como te ocorreu uma coisa dessas?", "Eu nunca disse tal coisa". Cometiam lapsos por meio dos quais negavam o que queriam afirmar. Quando no diálogo ocorria qualquer desencontro, voltavam à decisão inicial dizendo: "O melhor então é nos separarmos, e temos de tomar essa decisão já".

Finalizando a entrevista, comento a minha primeira impressão: que o casal não se permite dispor de tempo e de espaço para resolver suas dificuldades. Arrisco-me a supor que esta seja uma forma de funcionamento criada por eles para ficarem sempre no limite, como em uma corda bamba. Acrescento que seria necessário encontrar os motivos da conduta que, evidentemente, os faz viver grande ansiedade. Demonstram sentir-se compreendidos com esses comentários e marcamos uma segunda entrevista.

Essa entrevista me deixou com uma sensação incômoda de impotência, pois a falta de espaço e de tempo que apontei no casal também indicava que eu teria uma margem reduzida de trabalho.

Em diversos momentos da entrevista senti medo, pois percebi uma violência exagerada com que falavam os temas e o seu conteúdo aparentemente inócuo, como que existindo uma discordância entre o que falavam com a palavra e o que era dito com o gesto e o tom de voz. Tive medo frente a um perigo que não se manifestava claramente, porém estava presente. A sensação era de que esse casal emitia sinais vermelhos que, fugazmente, apareciam e desapareciam.

Segunda entrevista do casal Marta e Tiago:
Proponho que eles me informem sua história como casal. Contam que no decorrer de sua vida em comum – seis anos – tiveram três acidentes de carro. Em um deles, muito grave, Marta sofreu várias fraturas e precisou ficar acamada durante oito meses. Por causa desse acidente, Marta ficou com uma seqüela no braço, que a impede de fazer vários movimentos. Nos três acidentes era Tiago quem dirigia e de todos saiu praticamente ileso. Marta comenta em tom de brincadeira: "Parece que você quer me matar".

Nessa altura da entrevista, o diálogo entre eles mostra-se um pouco mais tranqüilo, sem tantos desencontros. Descrevem os acidentes com muitos detalhes e comentários, complementando-se para me dar um relato mais preciso. Tiago esclarece que, durante os oito meses necessários para o restabelecimento de Marta, se deram bem; ele cuidou dela e conseguiu ficar sem discutir.

Termino a segunda entrevista dizendo que os acidentes talvez tenham uma função de corte, de interrupção na vida deles, e que, nesses momentos, parece que se organizam, da seguinte forma: Tiago é o protetor e Marta permanece impossibilitada e dependente.

Marcamos uma terceira entrevista. No horário combinado para a consulta, avisam-me, por telefone, que organizaram uma viagem de "lazer" e decidiram interromper o tratamento. Dizem-me, também, que as duas entrevistas foram úteis para ambos e que decidiram não se separar. Esse desenlace era relativamente previsível, uma vez que, desde a pré-entrevista, estavam claras a pouca disponibilidade de espera do casal e seu grau de exigência. Evidentemente eu não poderia oferecer-lhes uma intervenção mágica que lhes garantisse a "vida" ou que aliviasse a sensação de ameaça constante a que estavam submetidos. A urgência com que pediram a primeira entrevista foi motivada, talvez, pela angústia provocada pela presença de um terceiro – o filho –, a quem queriam eliminar por meio do aborto. Na consulta ao ginecologista, entraram em contato com tal situação e, ao não poder resolvê-la com o médico, "submeteram-se" ao seu mandato: consultar um terapeuta como possível via de resolução do conflito.

Podemos pensar que as duas entrevistas foram "usadas" pelo casal para depositar no terapeuta o perigo de morte; puderam então juntar-se novamente, numa viagem de "lazer", separando-se fantasiosamente do terceiro (filho-terapeuta) que os ameaçava.

Como em todas as relações, também neste caso devemos analisar as duas partes. O terapeuta pode não ter conseguido ser suficientemente pertinente frente a um caso que se apresentava com tanta urgência e angústia, e isso pode ter sido percebido pelos pacientes; podemos pensar ainda em alguma interpretação fora do *timing* que, ao não ser percebida, provocou uma saída abrupta do casal.

Frente a esses casos caberia perguntar, ainda, se toda pessoa que se aproxima do consultório está realmente pedindo um tratamento. Deveríamos aguçar nossa escuta para captar qual é o verdadeiro pedido do paciente. Esses pacientes também nos levam a pensar o quanto é complexo o lugar do terapeuta na busca do equilíbrio entre seu desejo de ajuda, seu sentimento de onipotência e a real impotência e frustração com que nos deparamos.

A primeira entrevista

Surpreendo-me sempre frente à magia da primeira entrevista: duas pessoas, um minuto atrás desconhecidas, podem falar-me de coisas tão íntimas e muitas vezes de segredos não-confessados entre elas durante anos.

O casal que nos consulta pela primeira vez está justamente necessitando de um lugar que lhe sirva de porto seguro e lhe permita falar de situações que não pode enfrentar sozinho. Na primeira entrevista, o mais importante é que o terapeuta tenha uma atitude receptiva, permita que os pacientes falem livremente e intervenha apenas em casos de silêncios prolongados ou angustiantes.

Neste primeiro encontro proponho que me informem por que estão pedindo ajuda. Ao final, pergunto se concordam em fazer uma série de quatro a cinco entrevistas, para conhecê-los melhor e saber de suas histórias individuais e de casal. Informo que, depois das entrevistas, falaremos de qual será o tratamento mais adequado.

A seguir, trechos da entrevista realizada com o casal Edna, 39 anos, e Paulo, 41 anos. Os dois chegam em cima da hora, um pouco agitados e reclamando do trânsito. Olham-se, e Paulo pergunta quem começará a falar. Edna responde: "Posso ser eu".

"Bom... não sei muito bem por onde começar. Talvez o importante seja o que vem ocorrendo ultimamente. Bem... nós estamos casados há 20 anos, temos dois filhos, uma menina de 15 anos e um menino de 13. Sempre tivemos, como todos os casais, momentos melhores e piores, que eu considerava normais. Paulo sempre foi muito reservado, não gosta de conversar, ou melhor, não gosta de falar sobre coisas que têm a ver emocionalmente com ele. Pode conversar de tudo, desde que não se refira a ele. Eu sempre tive de tentar desvendá-lo. Quando eu tentava conversar sobre os nossos problemas, ele se deprimia, ou não me respondia ou adormecia. Cada vez mais fui me retraindo, falando menos e fazendo de conta que não tínhamos problemas. Há mais ou menos um ano nossa relação se agravou, ele começou a ficar mais retraído do que de costume, nossas relações sexuais ficaram cada vez mais espaçadas e comecei a sentir uma angústia, certo desassossego, que não podia associar a uma causa específica.

Quando queria falar com ele e contar-lhe meu estado, dizia-me não haver razão para estar assim, que me acalmasse. Há uns três meses comecei a ter taquicardia e dor de estômago. Fui ao médico, e ele disse que não havia nada e, dizendo que as causas podiam ser emocionais, receitou-me um calmante. Eu sentia que Paulo estava muito mal comigo e não sabia porque; mas, cada vez que eu tentava me aproximar, ele me rejeitava. Se eu dizia isso a ele, ele negava. Em agosto desse ano, falei com uma amiga sobre essa situação e ela me disse que Paulo poderia estar saindo com outra mulher. Isso me caiu como um balde de água fria, pois nunca havia pensado nessa possibilidade. Sempre tive muita confiança em Paulo e nunca o controlei, porém, a partir desse momento, fiquei mais atenta e comecei a notar algumas coisas: chegava mais tarde em casa e com mais freqüência trabalhava aos sábados.

Um dia revistei suas coisas para ver se encontrava algo. Sentia-me muito angustiada e com o pressentimento de que minha amiga tinha razão. Encontrei uma conta de restaurante, com a data da semana anterior. Isso não provava nada, mas serviu para que eu pudesse começar a conversar. Disse a Paulo que estava remexendo as suas coisas, pois, pela primeira vez, havia perdido a confiança que depositava nele. Sentia que estávamos muito mal e que não conseguíamos conversar. Sentia-me muito angustiada e precisava saber o que se passava com ele. Disse-me então que, efetivamente, estava saindo com uma mulher, mas que isso não tinha nenhuma importância, pois se tratava apenas de uma atração sexual, ele continuava me querendo, e estava tratando de terminar esse relacionamento."

Em seguida, ela se dirige a Paulo e diz:
"Eu já falei bastante. Agora dê a sua versão".
Timidamente, Paulo começa a falar:

"Bem... eu concordo com a versão que você deu. Tenho muita dificuldade para falar de minhas coisas. Não sei porque tive esse relacionamento. Sinto-me muito mal por isso, culpado, e sei que Edna não merecia isso, porém já o fiz. Sempre me queixei do nosso relacionamento sexual. Para mim era insatisfatório e insuficiente. Edna sempre me evitava, dando várias desculpas. Dizia estar muito cansada e ter dores de cabeça. Durante muito tempo a grande interferência eram os nossos filhos. Eu me sentia sempre muito rejeitado nesse aspecto".

Como o tempo da entrevista estava terminando, propus que fizéssemos uma série de quatro ou cinco encontros, com o objetivo de ter mais conhecimento da situação e da história de origem de cada um e do casal. No final, assinalo que a crise provocada pela relação vivida por Paulo fora do casamento nos pôde permitir analisar um relacionamento que não estava sendo satisfatório para ambos. Ao reler esse comentário, me ocorreu que poderia, erroneamente, sugerir que a relação fora do casamento iria propiciar algum benefício ao relacionamento do casal. A minha intenção, no entanto, foi recolocar a infidelidade como um conflito desencadeante da relação insatisfatória e não como único foco de problemas.

Quase não intervi no decorrer da entrevista. Edna tem muita necessidade de falar e de expor o que sente, e nesse momento é mais oportuno escutá-los.

Considero a primeira entrevista deste casal mais ou menos típica, uma vez que apresenta a problemática atual, isto é, o motivo mais evidente que o traz à consulta. O tipo de queixa apresentada também é freqüente, especialmente nessa faixa de idade. A relação extraconjugal funciona como uma forma de saída "individual" do relacionamento conjugal insatisfatório e como auto-afirmação para a pessoa que sente estar perdendo a juventude e a possibilidade de conquista.

Entrevistas informativas

Proponho, logo após a primeira consulta, uma série de quatro a cinco entrevistas onde tento recolher dados a respeito de:
1) **motivos da consulta;**
2) **histórias individuais;**
3) **história do casal;**
4) **o cotidiano.**

Essas entrevistas não têm o sentido de uma anamnese, na qual são feitas perguntas muito específicas e ordenadas. Os dados relevantes para o casal ou para a família, e a emoção a eles associada, são os dados que me interessam. Eles aparecem de forma espontânea a partir da minha proposta de que me contem a sua história de uma forma aberta e livre. Intervenho fazendo perguntas, se quero saber algo a mais do que estão contando, assinalando também algo que me pareça relevante.

A história individual relaciona-se com as famílias de origem. Interessa-me saber como está composta, o tipo de vínculo que aí se estabelece, a forma de independência (se é que existe), os modelos parentais de cada um, a existência de outras figuras importantes que ajudaram no desenvolvimento, se passaram por mudanças bruscas de moradia ou de classe socioeconômica, e, ainda, se atravessaram situações de luto. A história individual me permite conhecer as vivências, necessidades, anseios e expectativas de cada membro do casal.

A história do casal se organiza desde o momento em que se conheceram. Procuro saber como se atraíram, como chegaram ao momento do namoro, como decidiram se casar; o tipo de intervenção das famílias de origem; se puderam fazer previsões em relação à vida futura, se escolheram o tipo de casamento que queriam, como chegaram os filhos e como organizaram seu cuidado e educação.

Conhecendo a história do casal podemos observar,

com mais precisão, quais os conflitos do vínculo: as áreas mais e as menos comprometidas que tornam a relação ineficiente. Algumas vezes, os motivos da consulta modificam-se entre a primeira e a quinta entrevistas, pois no início falam somente daquilo que interfere menos, do que é menos grave e, ainda, do que traz menos conflito para o casal.

Sobre o cotidiano me interesso em como organizam o dinheiro, como distribuem as tarefas da casa, quanto tempo passam juntos, como é um dia de feriado e como é um dia de trabalho.

Pergunto, ainda, sobre as fantasias quanto ao tratamento e como se sentiram com as entrevistas já feitas. Procuro me deter nesse aspecto especialmente com os pacientes que foram "mandados" ao tratamento por outras pessoas.

Se a consulta foi feita em função de um filho, e considero que a dificuldade se encontra nos pais, procuro interpretar a situação para desviar o foco direcionado ao filho, colocando-o sobre o casal. O filho é usado muitas vezes para obscurecer as dificuldades do casal, ou ainda como depositário de um conflito conjugal mais grave; nesses casos, considero que o filho é apenas o porta-voz da enfermidade familiar.

O contrato terapêutico

Com os dados obtidos nas quatro ou cinco entrevistas iniciais, o terapeuta estará em melhores condições para decidir se indicará uma terapia para o casal ou se ampliará o tratamento para a família ou, ainda, se apontará para um tratamento individual ou combinado (para o casal e um dos filhos se fosse o caso). É importante dar um espaço até a próxima entrevista, a fim de que os pacientes possam pensar sobre a indicação e solicitar os esclarecimentos necessários.

No caso de aceitarem a proposta de tratamento, faz-se o contrato terapêutico, no qual se coloca sua forma de funcionamento: horário, honorário e freqüência. Com casais ou famílias, trabalha-se geralmente uma hora por sessão, duas vezes por semana, ou apenas uma vez, quando não são possíveis duas sessões semanais. O tratamento não tem tempo limitado. Proponho que falem sem restrições, que digam tudo aquilo que estejam pensando, mesmo que achem que é inadequado e sem importância ou pensem, ainda, que não tenha relação com o tema que está sendo tratado. Aviso, para os casais, que trabalho sempre com os dois; no caso de um dos membros se atrasar esperaremos a sua chegada para o início da sessão. No trabalho com a família, aviso que iniciaremos a sessão com, pelo menos, duas pessoas, sendo uma parte representante dos pais e outra representante dos filhos. Qualquer informação que queiram dar, individualmente, ao terapeuta, será comunicada ao restante da família ou ao outro membro do casal, sempre que o terapeuta julgar conveniente.

O terapeuta deve informar, ainda, as datas de suas férias ou qualquer interrupção de trabalho que já esteja programada. Proponho, que, no caso de o casal ou a família querer suspender o tratamento, o faça após duas ou três sessões, depois de haver tomado esta decisão a fim de poder esclarecer o possível motivo que o levou a propor o encerramento. Essas sessões propostas têm a finalidade de elaborar minimamente a interrupção desse tratamento; uma separação com o analista melhor trabalhada deixará os pacientes em condições mais favoráveis para pedir ajuda terapêutica em algum outro momento que acharem conveniente.

É importante que os termos do contrato de tratamento sejam entendidos por todos os membros. Devemos propiciar o espaço e o tempo suficientes para que se façam os esclarecimentos de todas as dúvidas que porventura surjam. Sabemos que as alterações do contrato podem ocorrer por motivo de resistência ao tratamento ou por outras razões. Qualquer alteração feita no contrato proposto será considerada como material a ser entendido e interpretado nas sessões.

O tratamento

Entendemos que o paciente é o casal. Entendemos que o paciente é a família. Em ambos os tratamentos nos ocupamos da totalidade, da relação, e não de indivíduos separadamente. O foco do analista está no relacionamento que os pacientes estabelecem entre si e com ele. A partir dessa perspectiva, o olhar do terapeuta deverá estar sempre no centro olhando o produto que emana da relação; o aspecto pessoal sempre estará presente, mas deve ser entendido no interjogo do funcionamento grupal.

É importante levarmos em conta, ao tratar um casal ou uma família, quais são as suas origens culturais e a que classes sociais pertencem, para melhor entender as suas formas de organização. Algumas normas e rituais que determinadas famílias respeitam e praticam por pertencerem ao seu meio cultural podem transformar-se em condutas inadaptadas se tentamos entendê-las separadas desse contexto.

É freqüente que o casal ou a família nos consultem quando o projeto de vida em comum fracassou, seja porque esse projeto era inalcançável (fantasiado), seja porque não encontraram as condições necessárias para poder desenvolvê-lo. O tratamento pode abrir a possibilidade de rever esse projeto à medida que propicia o contato dos pacientes com os diferentes conflitos que operam obstaculizando o relacionamento. Pode acontecer que, no decorrer do tratamento, surjam propostas de um novo projeto, criado sobre bases mais reais e menos ilusórias, ou que os pacientes possam descobrir que não há condições para reconstruir outro projeto de vida.

Propomos trabalhar o relacionamento tratando de detectar os aspectos inconscientes dos pacientes que operam como fontes de incompreensão de determinadas condutas. A relação transferencial nos ajuda a observar, no aqui e agora, emoções e vivências primitivas que se atualizam na relação terapêutica para poderem ser trabalhadas.

A história dos pacientes pode ser considerada na formulação das interpretações. O terapeuta deverá permanecer com sua atenção flutuante, escutando a comunicação entre pacientes, e disponível para acompanhar as emoções decorrentes do material emergente. Com esta atitude, tenta-se criar um encontro terapêutico em que o surgimento de uma interpretação pode propiciar uma situação de *insight*.

Propõe-se um enquadramento com a finalidade de definir e delimitar a tarefa terapêutica. Enquadrar significa manter em um marco, incluir dentro. Através do enquadramento, definimos a forma de trabalho. O enquadramento nos possibilita observar os movimentos em um terreno delineado. As alterações nesse enquadramento por parte dos pacientes nos proporcionam um material vivo e atual para o trabalho.

O enquadramento também tem por finalidade manter a diferença necessária entre pacientes e terapeuta, para que todo o processo terapêutico possa se desenvolver. A diferença não deve ser entendida como uma forma do profissional mostrar-se superior aos pacientes; deve estar associada ao lugar de onde o psicólogo pode emitir interpretações passíveis de ser recebidas como tais, não como comentários ou conselhos que poderiam ser solicitados a um amigo ou familiar.

O tratamento deve oferecer um espaço novo e diferente do ambiente familiar onde os problemas possam ser colocados e cuidados por meio da intervenção do profissional. Nesse espaço, o terapeuta introduz outra alternativa de inter-relação perante os vínculos estereotipados com que a família geralmente opera.

O tratamento não tem um tempo limitado, mas geralmente dura de ano e meio a dois anos. Consideramos que, nesse espaço de tempo, as dificuldades básicas do grupo podem ser delineadas e trabalhadas, o que ajudará, após o tratamento, o casal ou a família a continuar funcionando por si só, em condições mais favoráveis.

Finalização do tratamento

O momento de finalizar uma terapia de casal ou de família pode situar-se em diferentes lugares, de acordo com as diversas teorias e seus objetivos terapêuticos. Se nos referirmos às terapias sintomáticas, por exemplo, a eliminação do sintoma é um claro indicador do final do processo terapêutico. Como resolver sintomas não é o nosso objetivo, seja na terapia de casal ou na de família esse não seria um sinal para encerrar o processo terapêutico.

O casal ou a família que nos consulta está em alto grau de sofrimento. Por meio da relação transferencial podemos oferecer um suporte para que esses pacientes atualizem seus vínculos infantis, e dessa forma os interpretamos no aqui e agora da relação terapêutica. Desse modo, os pacientes podem elaborar os conflitos decorrentes da situação endogâmica e, assim, irão modificando a sua estrutura vincular.

Podemos falar no encerramento de uma terapia de casal quando os dois conseguem descobrir seus acordos inconscientes; quando podem diminuir as projeções maciças e deixar um espaço maior para situações de introspecção; quando o outro deixa de ser o único culpado pelo sofrimento vincular e os dois podem pensar na participação de cada um na relação; quando têm um contato entre eles mais real, menos idealizado e, conseqüentemente, menos frustrante; quando, finalmente, as atitudes são menos narcisistas, e um pode ver o outro como diferente de si e não como um espelho. Nesse momento, a relação tornar-se-á mais criativa e menos dependente, mais gratificante para ambos que poderão usufruir melhor a vida amorosa e sexual e estarão mais dispostos para compartilhar os encargos da casa, as demandas geradas pelos filhos, e para respeitar, enfim, o âmbito individual de cada um. Esses são alguns indicadores para encerrar um tratamento de casal.

Podemos pensar que chegou o momento do final de um tratamento familiar quando seus membros podem se escutar e se colocar no lugar daquele que manifesta um sofrimento;

quando todos assumem a participação de cada um na relação; quando os limites são entendidos como necessários para proteger a convivência, e não para perseguir ou prejudicar; quando, enfim, os pais não abusam de sua autoridade, nem os filhos abusam de sua violência nos seus respectivos processos de individualização.

Síntese de um relato de sessão
Casal composto por Raul (43 anos) e Maria Rita (39 anos):

Depois de dois anos de tratamento e já fazendo um balanço do processo, Rita fala:

"Lembro-me de quando propus a Raul que fizéssemos terapia de casal. Tratava-se da minha última esperança no sentido de impedir a nossa separação. Durante um tempo eu pensei que pudéssemos melhorar sozinhos, mas acabei perdendo as esperanças de que ele me escutasse quando eu falava de sua família. Raul sempre me calava, especialmente quando eu falava de sua relação com a mãe, que era super apegada a ele porque era o filho mais velho e por ter-se tornado médico como ela queria. Sempre terminávamos brigando. Eu sentia que não conseguia pôr nenhum limite, e sua mãe parecia que não reconhecia que ele tinha se casado. Ele me dizia que eu era uma ciumenta incurável. Eu pensava que ele poderia estar certo, mas a verdade é que ele estava atado à sua família. Eu me sentia uma intrusa na casa dos pais dele e sabia que minha sogra falava mal de mim para minhas cunhadas. Ele queria que eu fizesse tudo o que a mãe dele fazia. Agora percebo que eu também estava atada à minha família e não percebia; com a terapia consegui tomar consciência disso, mudei bastante. Sinto-me satisfeita porque, hoje, eu e o Raul podemos olhar para nossas famílias sem brigar. Não sentimos mais a necessidade de nos separar, a fim de defendê-los. Sinto que estamos mais tranqüilos".

5
Trabalhando com a história

Caso clínico

Um casal: Pascoal, 58 anos, e Eloísa, 40 anos.

Observações preliminares

Pascoal é alto, magro, veste-se com elegância e trabalha como executivo numa empresa americana. Eloísa é alta, seu corpo é pouco feminino e está vestida com roupas muito simples e desalinhadas. Suas roupas chamam a atenção por não pertencerem à classe social à qual ela pertence. O aspecto de cada um é muito discrepante em relação ao do outro, e eles me lembram "o príncipe e o mendigo".

Primeira entrevista

Pascoal informa que o "motivo da consulta" se centra na infidelidade de Eloísa, que há oito meses vem mantendo um relacionamento extraconjugal com Luís, um motorista de táxi que ela conheceu de forma acidental ao utilizar-se de seus serviços.

Ao descrever os fatos, Pascoal parece sofrer mais pelo fato de Luís ser um motorista de táxi do que por ser o amante de sua mulher. Como se, com essa escolha, Eloísa houvesse rebaixado a categoria social de Pascoal.

Ele fornece todas essas informações em tom baixo e de forma muito contida, mastigando raivosamente as palavras; ocupa praticamente toda a sessão e repete, com freqüência, que não entende por que a mulher fez isso. Esclarece que, ao ficar sabendo do ocorrido, decidiu "limpar a situação" mandando Eloísa para a casa de seus pais, em Salvador. Diz que não a deixou mais entrar em casa, nem permitiu que falasse com os filhos; arrumou ele próprio a mala e comprou a passagem de Eloísa. A idéia que me transmitia era de que Eloísa havia sido tratada como um objeto. Por sua vez, ela se sentava no banco dos réus, toda encolhida e culpada. Pascoal colocava-se fora da situação e descrevia os fatos como se fosse seu próprio advogado. Perguntava-me a cada dez minutos a opinião que eu tinha a respeito do caso; convidava-me a solidarizar-me com ele, fazendo gestos de desaprovação à mulher. Senti-me conduzida a ocupar o lugar de "juiz".
O paciente fala sem parar, concentrando sobre si toda a atenção, e controla-me com o olhar. Demoro para me recuperar dessa situação absorvente e, a dez minutos do final da sessão, consigo visualizar melhor a cena. Digo, a título de mera observação, que vejo Eloísa muito agarrada à sua bolsa, como querendo apegar-se a alguma coisa sua. Digo ainda que gostaria de ouvi-la, no caso de ela querer falar. Esclareço também que, no meu entender, o produto que emana de uma relação tem a ver com os dois e que o meu lugar de terapeuta não é o de dar razão a um ou ao outro. Produz-se um breve silêncio
Pascoal diz: "Bem, fale agora".
Ela responde apenas com um movimento corporal se remexendo na cadeira.
Pascoal diz: "Bem, é sempre assim, ela não responde. Tentei fazer com que falasse com a mãe, mas ela não quis saber de nada; tentei fazer o mesmo com suas irmãs, e nada."
A terapeuta praticamente o interrompe declarando: "Parece que é difícil deixar um espaço para que Eloísa fale."
Surpreendido, *Paschoal diz*: "Está bem". E começa a mexer-se na poltrona e afasta-se um pouco da escrivaninha onde estava apoiado.
Produz-se um pequeno silêncio. Eloísa começa a mover-se,

como querendo se colocar numa postura mais ereta, e diz: "O que mais me incomoda é isso: em vez de discutir as coisas entre nós dois, Pascoal ventila tudo convocando reuniões familiares".

Quando Eloísa fala, descubro nela uma força surpreendente. Como já havia terminado o tempo da sessão, proponho um novo encontro, no qual gostaria que me contassem diferentes momentos de suas vidas. Digo-lhes também que, durante os três ou quatro primeiros encontros, eu os entrevistarei, com o objetivo de conhecê-los melhor e ver como eles se sentem trabalhando comigo, depois disso, eles me dirão se desejam continuar o trabalho.

Comentários da primeira entrevista

Senti-me bastante absorvida e observada por Pascoal, que controlava meus menores movimentos e queria, a todo custo, que eu assumisse sua defesa. Em contrapartida, identifiquei-me muito com Eloísa, que se mostrava muito enfraquecida até o final da sessão, quando coneguiu falar e mostrar uma força contida. Também me senti inadequada, como se houvesse amordaçado Pascoal, para que sua mulher falasse. Penso que preciso ficar atenta para não me tornar a defensora de Eloísa.

Segunda entrevista

No segundo encontro, esclareço que desejo conhecê-los melhor. Peço que falem da história individual de cada um e da história do casal. Esclareço que não precisam se preocupar com a ordem dos acontecimentos já vividos.

A história de Pascoal: resumo dos dados significativos.

Pascoal pertence a uma família de classe socioeconômica baixa e recebeu uma educação muito rígida. Tem um irmão e duas irmãs. Seus pais não conseguiram ascender socialmente, mas ele, juntamente com seu irmão, se propuseram a fazê-lo. Conquistaram uma posição graças a seus esforços pessoais e trabalhando muito. As duas irmãs permaneceram na mesma classe dos pais, apesar das tentativas de ajuda por parte de ambos. Elas são mais novas que Pascoal e seu irmão. Quando elas eram adolescentes, eles já trabalhavam, eram universitários e freqüentavam ambientes muito diferentes dos que eram conhecidos por sua família.

Quando os quatro irmãos eram pequenos, gostavam de brincar e festejar com os amigos do bairro, constituindo como que uma grande família. Os pais também participavam das festas do bairro.

À medida que Pascoal e seu irmão foram crescendo, foram aumentando as diferenças sociais, culturais e econômicas entre eles e as outras pessoas do bairro que não puderam estudar. As irmãs não quiseram estudar além do primeiro grau, apesar da insistência dos irmãos. Eles também as convidavam para ir às festas de seus colegas. Elas aceitaram os convites algumas vezes, mas depois não quiseram ir mais. Pascoal acha que suas irmãs se sentiam diferentes de seus amigos, porque não estudavam, nem se vestiam tão bem quanto eles. Elas preferiam conviver com as pessoas do bairro. Uma delas começou a namorar o filho do açougueiro. Por mais que Pascoal tentasse impedir esse namoro e buscasse o apoio dos pais nisso, não conseguiu nem uma coisa nem outra. Sua irmã acabou tendo um filho do namorado mas ele não quis se casar.

Segundo Pascoal, a irmã, por ser mãe solteira, ficou marcada para sempre. Ela teve outros namorados, mas "nesse esquema ninguém mais a respeita". Sua outra irmã casou-se com um mecânico que não gosta de trabalhar, e eles vivem sem perspectivas.

Desde criança, Pascoal teve uma relação com os pais marcada pela distância e o respeito. Quando ele se tornou adulto, esta relação ficou muito difícil, pois seu modo de vida e sua visão de mundo passaram a ser muito diferentes do jeito de ser de seus progenitores.

A história de Eloísa: resumo dos dados significativos.

Quando começa a falar de si, a primeira coisa que Eloísa diz é que o pai morreu quando ela tinha um ano. Tem três irmãs, e a mãe sempre foi muito severa com as filhas: não deixava que elas fossem sozinhas a nenhum lugar. O pai era médico e tinham uma boa situação econômica. Quando ele morreu, a mãe teve de trabalhar e não ganhava o suficiente. Eloísa e suas irmãs eram responsáveis pelas tarefas de casa e sofriam castigos quando essas não ficavam a contento da mãe. Eloísa esclarece que sua mãe era muito enérgica, possivelmente porque tinha de exercer as funções de pai e mãe.

Quando Eloísa tinha 20 anos, sua mãe voltou a casar-se. No ano anterior, sua irmã se casara, e em seguida resolveu ter um filho. Três meses depois o casal decidiu tentar a sorte em Portugal, e deixou o recém-nascido aos cuidados de Eloísa e de sua outra irmã.

Com 21 anos, Eloísa recebeu uma carta da irmã dizendo que resolveu viver definitivamente em Portugal, e pedindo que levem seu filho até ela. Eloísa havia sido reprovada na faculdade e deveria aguardar o próximo ano para prestar novos exames; a mãe decidiu que ela deveria levar o sobrinho para Portugal. Segundo Eloísa, com essa decisão, a mãe encontrou uma desculpa para afastá-la do namorado – um homem separado, de quem a mãe não gostava. Na despedida a mãe lhe recomendou que aprendesse com o exemplo de sua irmã mais velha, "que soube se casar bem, além de ser muito mais submissa".

Chegando a Portugal, Eloísa resolveu morar algum tempo com sua irmã. Depois de oito meses, tornou-se muito amiga de Rita com quem realizou uma viagem pela Europa. Lá, trabalharam por um tempo, ganharam algum dinheiro e continuaram viajando por outros países. Fizeram isso por um ano, até que, cansadas, decidiram parar por algum tempo em Roma. Ali, Eloísa conheceu Marcelo, um homem casado, por quem se apaixonou e de quem engravidou. Não querendo causar nenhum inconveniente a seu namorado, nem pedir-lhe que se separasse de sua mulher, Eloísa resolveu ter o filho sozinha. Marcelo a ajudou muito nesse período; ela morou na casa de um amigo dele até o bebê nascer. Marcelo reconheceu que o filho era dele e lhe deu o seu sobrenome. Alguns meses depois do nascimento do filho, Eloísa voltou ao Brasil. Nesse momento, ela sentiu medo da reação de sua mãe, mas não vislumbrou outra saída, senão morar com ela. No início sua convivência com a mãe foi muito difícil, mas, com o passar do tempo, esta se encantou com o neto.

Refletindo, agora, Eloísa diz que deveria ter permanecido na Europa e que só voltou por ser covarde. Depois que retornou ao Brasil, ela encontrou um trabalho, no qual conheceu Pascoal.

Desde o primeiro momento, Pascoal aceitou o filho de Eloísa (Pedro), e não questionou sua condição de mãe solteira. Depois de oito meses de namoro, decidiram casar-se e registraram Pedro como filho dos dois. Dessa forma, Pedro foi registrado duas vezes.

Durante os primeiros anos de casamento, Pascoal e Pedro se davam muito bem, mas, com o crescimento deste, o relacionamento entre eles se complicou. Segundo Eloísa, isso aconteceu porque Pedro não é filho de Pascoal, o que faz com que seu marido viva reprimindo e fazendo exigências a Pedro.

O casal teve mais dois filhos homens. Pascoal sempre os tratou melhor que a Pedro. Eloísa esclarece ainda que Pedro e Pascoal se relacionam como inimigos. Diz que o marido sempre comparou seus filhos com Pedro. Pascoal punha seus filhos como exemplo de boas crianças em detrimento de Pedro, sempre assinalado como ruim.

Diz que Pascoal contou aos filhos sua versão do relacionamento extraconjugal da esposa e conseguiu que eles saíssem em sua defesa. Também afirma que, quando ela quer chamar a atenção de algum dos filhos por ter feito algo errado, Pascoal a acusa de não ter moral nem autoridade para fazê-lo. Até Pedro aliou-se ao padrasto e diz que quer matar Luís (o amante) por esse estar provocando todos os problemas familiares. Pedro agora tem 18 anos.

Tanto Pascoal quanto Eloísa têm medo de que Pedro possa realmente tomar alguma atitude contra Luís, porque, em alguns momentos, ele fica bastante agressivo. Pedro gosta de

andar armado e já pegou várias vezes o revólver que Pascoal mantém "escondido".
Até os 17 anos Pedro não sabia que seu pai biológico morava na Europa. Ele pensava que seu pai era Pascoal. Eloísa revelou-lhe este fato porque a família pensava viajar para a Europa e Pedro podia descobrir que tinha "dois pais", "dois nomes" e "duas nacionalidades". Pascoal sentiu-se muito ofendido quando Eloísa contou a verdade para seu filho.

A história do casal:
Conheceram-se no trabalho. Pascoal era chefe de Eloísa, mas depois de três meses de relacionamento Eloísa prefere ir trabalhar em outro lugar, para depois se casar.

Quando Pascoal decide registrar Pedro como filho, Eloísa concorda e entende esse gesto como mais uma forma de aceitação. Nesse momento, Eloísa só conhece a mãe de Pascoal, e ele faz questão de não apresentá-la a nenhum amigo ou conhecido; sempre saem a sós, como que se escondendo. Passaram-se quatro anos de casamento quando Eloísa começa a conhecer as relações do marido; Pascoal tinha vergonha de apresentar Pedro, e alguém descobrir que não era filho dele.

Segundo Eloísa, o marido sempre se ocupou de tudo, comprou a casa e a mobília a seu gosto e nunca aceitou interferências. Este é um dos problemas que agora ela questiona, pois Eloísa sempre concordava com tudo sem contestar. Há quatro anos, por influência de uma amiga que passou uma temporada em sua casa, Eloísa começa a sentir-se muito anulada e decide fazer seus desejos e decisões valerem. A amiga mostrou-lhe que não tinha poder em sua própria casa; o casal localiza nessa época, aproximadamente, um agravamento de seus problemas. Pascoal começa a sentir-se incompreendido, fecha-se em seu trabalho, quando chega em casa, lê o jornal e não se inteira dos problemas familiares. Não conversam e, segundo Eloísa, ele não consegue escutá-la por mais que ela tente conversar. Pascoal se queixa de que esta situação toda prejudicou o relacionamento sexual do casal; Eloísa está sempre ou com dor de cabeça ou com algum problema. Nestas situações Pascoal costuma dizer-lhe que preferiria viver com uma prostituta que o deixasse fazer o que quer...

Comentários sobre a história do casal:
Eloísa perde o pai ainda menina e elege Pascoal, um homem 18 anos mais velho, como marido, na fantasia de recuperar um pai que a guie e proteja. Por essa razão permitiu que seu marido a "dominasse" por tanto tempo; ela se colocava no lugar de filha, e não no de mulher. Casa-se num momento de certa fragilidade, quando pela primeira vez tinha de enfrentar a vida com um filho, na condição de solteira. Pascoal aparece como figura forte.

Eloísa sente a mãe como uma mulher dura, que exerceu o papel de pai e mãe, e a privou de afeto e compreensão. Sente ainda que a mãe tinha um ideal de filha ao qual ela não podia se adaptar. Quando, aos 20 anos, começa a namorar um homem desquitado, é mandada para a Europa a fim de se separar desta pessoa. E sempre se sentiu muito limitada por sua mãe, vivendo de forma muito restrita, como se estivesse enjaulada.

A viagem para a Europa é uma liberação que permite a Eloísa, pela primeira vez, fazer o que quer. De uma situação muito controlada, passa a viver de uma forma em que precisa se organizar sozinha. É nesse período que engravida: podemos entender esta gravidez como uma forma de agredir a mãe, uma vez que era solteira, e também como uma forma de auto-agressão, uma vez que, estando só, transgride os valores familiares. Esta situação provavelmente lhe provoca culpa, e o casamento é uma "jaula" que a protege de seus próprios descontroles e transgressões às normas estabelecidas (especialmente por sua mãe). O casamento é vivido como uma relação protetora que a impedirá de fazer "loucuras", ou seja, que colocará limites. Por esses motivos Eloísa tolera uma relação de "submissão" nos primeiros anos de casamento, uma vez que sufoca desejos de agressão. Após 15 anos repete, com o marido, a situação de transgressão vivida com a mãe.

Na relação extraconjugal com um motorista de táxi, transgride os valores morais de seu marido. Como a mãe havia feito, Pascoal a obriga a viajar, acreditando que a distância possa separá-la de seu novo relacionamento.

Observando a história de Pascoal, podemos deduzir que seu casamento com Eloísa foi uma forma de superar o ocorrido com sua irmã, que também foi mãe solteira e, segundo suas palavras, "ficou marcada, e ninguém mais a queria".

Pascoal teve uma educação tradicional e tinha uma moral rígida, e dessa forma só podia se casar com uma mulher solteira com um filho tentando "anular" este fato, apagar suas "pistas", registrando esse filho como legítimo do casal Eloísa e Pascoal. Dessa maneira reparava o ocorrido com sua irmã, não assumindo as conseqüências. É por isso, também, que Pascoal passa a apresentar Eloísa a seus amigos somente quando o filho já podia ser considerado dos dois, pois caso contrário ficaria evidente que Pedro era filho de mãe solteira. Condena então Pedro a ter dois pais, duas nacionalidades e dois sobrenomes; internamente considera Eloísa uma mulher que deu um "mau passo" e precisa ser castigada por isso. Freqüentemente e por diversas razões a chama de "prostituta", confirmando a sua moral rígida.

Para Pascoal, o fato de Luís ser motorista de táxi parece ser mais importante do que ser amante de sua mulher. Podemos entender que é uma forma de se diferenciar dos homens desta classe baixa, como seu pai e também como o açougueiro que engravidou a sua irmã. Ele e o irmão são os únicos que conseguiram subir na vida; seus pais e suas irmãs preferiram permanecer no mesmo lugar. Esse lugar está destinado também a Eloísa, que nada pode fazer para sair dessa condição: até suas roupas marcam a diferença.

O relacionamento de Pascoal e Eloísa parece ter estado baseado no desejo de resolver, através do casamento, situações conflitivas ocasionadas nas famílias de origem de cada um.

Eloísa foi criada por uma mãe rígida que, provavelmente, não conseguiu suprir as suas necessidades básicas de afeto nos primeiros anos de vida. Prematuramente Eloísa perdeu seu pai, sendo também privada do afeto e da proteção que esse poderia lhe dar. Precisa então encontrar, em seu marido, essa figura que a resgate da sua invalidez infantil, que a proteja e resguarde das dificuldades da vida. Especialmente no momento em que ela se encontra muito só, tendo de enfrentar o mundo com seu filho bastardo e sentindo-se muito acusada pela sua família e pela sociedade, Pascoal aparece como o "salvador" que num passe mágico irá libertá-la dessa situação conflitiva. Passará assim a ser a mulher casada e respeitada, com um filho que não será mais bastardo, e sim "legítimo" desse casamento.

Dessa forma ganhará novamente o respeito social e o afeto de sua mãe, que já não terá mais nada para reclamar, na medida em que se enquadrara novamente nos seus padrões. Condena seu filho a uma irrealidade, ou seja, a chamar-se Pedro e ser brasileiro, e não José e ser português, e a acreditar que Pascoal é seu verdadeiro pai, e não seu padrasto, tentando, assim, anular sparte da sua própria história como mãe solteira.

Pascoal nasce numa família de classe baixa e desde pequeno sente-se, segundo diz, muito discriminado e subjugado por essa situação. Cresce ressentido por pensar que poderia ter tido melhores condições de vida. Chegando à adolescência decide forjar para si um futuro que lhe permita se separar das condições precárias da sua família, e consegue fazer isto.

Essa situação lhe produz alívio e culpa, pois rejeita e tem vergonha das suas origens. Sente que a sua família, e em especial suas irmãs permanecem no "lodo" e que ele conseguiu emergir como um lírio.

A união com Eloísa e a sua posição de "salvador" lhe permitem fantasiar que conseguiu recuperar, através de Eloísa, a quem tirou também do "lodo", parte da família.

A crise do casamento acontece no momento em que, Eloísa está mais forte e já não é tão "dependente". Pascoal deixou de ser o "salvador", e ela já não precisa mais se esconder, nem esconder seu filho. Deseja um homem que a gratifique afetiva e sexualmente, e não um pai. A solução que encontra é um amante. Pascoal está também desapontado com o casamento, pensa que Eloísa não lhe deu tudo aquilo que ele merecia. Eloísa não conseguiu "emergir do lodo", como ele pensou nos primeiros anos do casamento. Pascoal está frustrado porque o casamento não lhe permitiu se livrar da sensação de culpa que o renegar de suas origens lhe provoca. Eloísa, tal como suas próprias irmãs, é para ele mulher de classe baixa, "prostituta", o que fora "confirmado atualmente pela relação extraconjugal", a qual, mesmo que ele tente "salvar", não consegue.

6
Terapia de casal ou de família?

Essa pergunta pode ter diferentes respostas, em função do ângulo de visão do terapeuta. De início, se trabalhou com a pessoa que procurava terapia e não se incluía nenhum membro de seu entorno familiar. Foi somente a partir da década de 1950 que surgiu a possibilidade do trabalho com a família.

Atualmente, um terapeuta pode intervir trabalhando com o membro identificado, enquanto outro profissional trabalharia com toda a família. Combinando desta forma um tratamento individual e familiar.

O tratamento individual não deve se contrapor ao familiar, uma vez que cada abordagem tem seus alcances, objetivos e limitações. O tratamento da família e o de um de seus integrantes podem complementar-se no caso dos dois psicólogos trabalharem com os mesmos conceitos teóricos e técnicos.

Cada situação deve ser olhada como peculiar e única, e, nessa perspectiva, não podemos pensar formas universais de tratamento. Deve levar-se em consideração a demanda do paciente. Porém, é o terapeuta que deve decidir se é conveniente fazer uma terapia individual de casal, familiar ou combinada.

Um casal nos pode consultar devido a problemas com a família e esperar que o seu tratamento melhore ou elimine os sintomas apresentados pelo filho. Em alguns casos isso é relativamente possível, em especial quando se trata de um casal com crianças pequenas e quando essas apresentam sintomas decorrentes de um mau relacionamento entre seus pais. A criança, nesses casos, pode sentir-se ameaçada, pouco contida e, frente a uma situação que não compreende nem pode resolver, manifestar um sintoma como dificultades para dormir ou problemas com a alimentação. Para os pais em geral, este é um sinal de alarme que os mobiliza para pedir ajuda. No caso de o tratamento ser bem-sucedido, o casal pode melhorar seu relacionamento e aliviar os sintomas do filho. Também pode chegar à conclusão de que a vida em comum traz muito sofrimento e desejar a separação. Em ambos os casos, o casal se reorganiza de outra forma, e o filho pode deixar de funcionar como um catalisador dos problemas familiares.

Em outros casos, é impossível que uma terapia somente do casal consiga modificar sintomas já instalados e que sejam próprios dos membros que os apresente, independentemente de os pais haverem contribuído para que isso aconteça. É o caso, por exemplo, dos filhos adolescentes iniciados em drogas ou outro distúrbio de comportamento: não conseguem se relacionar ou têm dificuldades escolares. O casal que tem um filho usuário de drogas se sente responsável por essa situação e busca uma orientação concreta para resolver seu problema; mas geralmente os membros do casal não estão muito dispostos a se tratarem como família, o que seria mais indicado. Buscam obter "fórmulas" que lhes dêem segurança frente ao comportamento do filho. Estão mais preocupados em saber como agir e o que fazer para resolver o sintoma, do que em entender a situação de conflito. E, uma vez que o objetivo do psicólogo não se circunscreve a fornecer normas nem a resolver sintomas, pode-se chegar a uma situação de desentendimento entre o que o casal espera do tratamento e o que o profissional pode oferecer.

Insistem para que o terapeuta focalize apenas a problemática do filho, e se incomodam quando queremos ampliar a compreensão e tentamos observar o que acontece com a família toda. Apesar dessa ser uma forma resistencial do casal pedir ajuda, devemos entender que é a única maneira (possível) que eles encontram para aproximar-se do tratamento.

Passaremos a observar um caso clínico no qual se apresenta esta forma de pedido de ajuda.

Exemplo clínico

Casal: Marina, 38 anos, e Roberto, 44 anos.
Terapeuta: Lúcia.
A terapeuta pede que eu faça uma supervisão. Ela está atendendo o casal há quatro meses, e sente-se presa durante as sessões, não podendo pensar ou atuar livremente. Marina é arquiteta e trabalha na sua profissão, sem conflitos aparentes nessa área. Roberto é engenheiro, também trabalha em sua área, mas com certa insatisfação: não ganha tanto quanto gostaria nem se realiza por meio do que faz.

Apresentam-se arrumados, mas Marina deixa transparecer um certo descuido e, especialmente, não apresenta nenhum detalhe que marque a sua feminilidade. Roberto, por sua vez, tem uma postura encurvada como se carregasse um peso nos ombros. Marina possui uma experiência de terapia individual de aproximadamente dois anos. Roberto fez um ano de terapia, mas a abandonou, por não ter obtido os resultados que desejava. Têm dois filhos: Mauro, 16 anos, estudante do segundo grau e Paulo, 18 anos, freqüenta o cursinho pela segunda vez.

A preocupação que traz o casal ao atendimento é a suspeita de homossexualidade de Paulo; afirmam que não sabe como lidar com o problema e que não consegue falar abertamente com o filho. Às vezes, dirige-lhe perguntas como "Com quem você está saindo?", "Aonde você vai?". O menino irrita-se com as perguntas e mal fala com eles, respondendo com monossílabos. Os pais não acreditam em suas respostas.

Marina vive tentando descobrir "coisas" ou informações que confirmem ou neguem suas fantasias. Escuta as conversas telefônicas de Paulo, observa como ele se veste, revista suas gavetas. Para o casal, a vida sexual desse filho está rodeada de mistério. Marina e Roberto não vêem Paulo como um todo, com suas diferentes facetas, possibilidades e limitações. Só conseguem percebê-lo por meio de sua "vida sexual".

Quando Marina e Roberto são indagados acerca de seu vínculo como marido e mulher, dizem que o relacionamento está desgastado e "sem tempero", mas que essa situação não os preocupa por já estarem acostumados.

Ao falar de Mauro, o segundo filho, dizem que é muito retraído, que não se relaciona com os amigos. Nunca dormiu fora de casa e só sai para ir à escola. Em seus estudos, tem muita dificuldade, especialmente quando precisa se expor. Chora com facilidade, muitas vezes sem saber por que. Em uma das sessões, o casal fala da perda de um filho, de um ano e meio de idade, sem esclarecer a causa da morte.

Como supervisora, sou informada dessa morte pela terapeuta Lúcia que, em um lapso, fala em três filhos do casal. Questionada quanto à existência de algum aborto na família, Lúcia então se recorda deste dado, que só havia aparecido uma vez no tratamento. Penso que, de forma inconsciente, a terapeuta caiu em um pacto familiar que seria o de não falar do "filho morto", a ponto de também "se esquecer" dessa morte.

Lúcia insiste na sua dificuldade em trabalhar com esse casal, por perceber que o foco da preocupação conjugal – a homossexualidade do filho – se encontra fora do tratamento. As sessões do casal caracterizam-se por uma troca de informações entre marido e mulher sobre as observações e descobertas acerca de Paulo. Quando a terapeuta interpreta situações que dizem respeito aos membros do casal, eles reagem desqualificando as palavras dela. Em outros momentos a reação é de desapontamento, como se a terapeuta não atendesse o que foi pedido na consulta, ou seja: a ajuda ao casal para que resolva os problemas específicos de Paulo. Temos a impressão de que esse casal não pede ajuda nem para si, nem para toda a família, mas que, na verdade, tem a fantasia de que a terapeuta possa ajudar a transformar a homossexualidade do filho que tanto os perturba.

Resumindo, o casal traz um motivo de consulta "equivocado, por ser restritivo": resolver a homossexualidade do filho. Desta forma se obstaculiza uma visão mais totalizadora da família. O casal vê apenas o conflito do filho e exige que a terapeuta também olhe exclusivamente por esse vértice, ficando "cega" para os outros problemas da família. Frente às dificuldades expostas, Lúcia pensa que uma forma de ampliar a visão familiar seria incluir Paulo, o "filho-problema", nas sessões. Proponho que a terapeuta atenda a família toda – Marina, Roberto, Paulo e Mauro – com base nas hipóteses citadas abaixo:

1) O casal deve ter se desequilibrado com a entrada dos filhos na adolescência, não podendo tolerar problemas que remetam à sexualidade e à independência.

2) Paulo está sendo colocado no lugar de membro enfermo, de "membro identificado". Os pais apresentam-se como duas pessoas "sem problemas". Entretanto, dizem que, embora não se incomodem, o casamento deles está desgastado. O casal diz querer "colaborar" para a recuperação do filho e, desse modo, divide as pessoas da família entre sadios e enfermos. Com esse enfoque distorcido, evita que cada membro da família assuma a sua parte enferma.

3) Mauro, o filho menor, não faz parte das preocupações dos pais, mas, provavelmente, suas condutas fóbicas ocasionam-lhe um grande sofrimento.

4) O segredo familiar: a morte do filho que não pode ser lembrada nem falada pelos membros do grupo familiar.

A proposta de serem atendidos como família foi aceita pela terapeuta e também pelo casal. Passarei, em seguida, a descrever algumas observações da dinâmica familiar:

Paulo aparenta ter mais idade do que realmente tem, sua vestimenta estaria dentro de um tipo unissex, mas nada em sua postura ou em suas maneiras indica uma declarada "homossexualidade". Mostra-se um pouco distante e irritado por ter de estar ali. Mauro praticamente não fala, tem uma série de tiques e ruboriza-se quando alguém se dirige a ele. É muito significativo observar a diferença entre os dois irmãos:

Mauro mostra-se como sendo "todo emoção" e Paulo como se estivesse carente dela. A comunicação entre ambos é praticamente nula; eles se ignoram.

O casal passa a ter uma dinâmica de funcionamento bem diferente, acusando-se mutuamente de serem maus pais: Marina diz que Roberto não existe como pai, que é totalmente desinteressado, e Roberto a acusa de superproteger os filhos, não os deixando em liberdade. A comunicação entre os dois é estereotipada, predominando as queixas e as reclamações.

Na sessão, a comunicação entre os quatro membros da família quase não acontece. Em algumas situações o casal está "junto", por exemplo, quando briga. Nestas ocasiões, os filhos ficam de fora ou então a mãe faz alianças com Paulo ou com Mauro e, desse lugar, acusa o marido. Mauro chora com freqüência e com muita angústia, sem que o motivo apareça. Quando ele faz isso, cria-se um clima muito especial, sobretudo porque ninguém entende o porquê de seu pranto. A mãe o acolhe: aproxima-se dele, pega sua mão, acaricia sua cabeça e olha para o filho insistentemente, criando um circuito que desafia a entrada dos outros.

Em seguida, Marina começa a brigar dizendo que ninguém se importa com o choro de Mauro. E, se o marido começa a falar enquanto Mauro está chorando, ela o acusa de inoportuno e desalmado.

Em geral, quando Mauro começa a chorar, Marina pergunta insistentemente ao filho: "Por que você está chorando?". Ela o faz de uma maneira irritada, como se pretendesse obter o efeito contrário, isto é, que o filho não diga o motivo do choro. É como se ela quisesse, na verdade, dizer: "Te acolho, para que isso fique entre nós, e vou te defender contra o resto do mundo, mas não quero saber por que está chorando". Recordo-me, aqui, do que chamei de pacto familiar: "não falar do filho morto". Nas sessões até agora esse dado também não aparece: há uma morte sobre a qual não se fala nem se chora, e Mauro não sabe por que chora constantemente e tem condutas fóbicas. Mauro nasceu depois da morte de seu irmão e deve ter carregado todo o medo dos pais quanto a saberem se poderiam cuidar desse filho para que ele não morresse.

Contrariando o esperado inicialmente, a homossexualidade de Paulo gradativamente deixa de ter o peso que tinha para os pais. No transcorrer do processo terapêutico, Paulo foi deixando de lado sua postura irritada e irreverente, mostrando-se mais atento, interessado e colaborador. Pôde falar de suas dificuldades em todos os setores, e não apenas no aspecto sexual.

Quando ficou claro que os quatro tinham dificuldades como "família" e que não estavam ali para tratar exclusivamente de Paulo e sua homossexualidade, e quando foi interpretado que Mauro chorava aparentemente sem sentido porque a família tinha uma morte que não podia chorar, Paulo pôde falar abertamente de sua homossexualidade, e, "curiosamente", esta revelação causou um grande alívio para a família. Quando o temido, escondido, evidencia-se, produz essa reação.

Nas sessões posteriores a esse esclarecimento, Marina passa a queixar-se permanentemente da ausência do marido, e os filhos tomam seu partido, dizendo que ela é mais compreensiva e tolerante e que o pai não "entende nada" do que se passa na família por estar ocupado consigo próprio.

Roberto fica nas sessões muitas vezes como que "falando sozinho", sendo que o resto da família se desliga da terapia ou se mostra irritado ou aborrecido com ele. Essa situação foi se acentuando cada vez mais, e Roberto ficou praticamente assinalado como sendo o motor do infortúnio familiar.

Depois de alguns meses de tratamento, a família transferiu para Roberto o lugar de membro-identificado, que antes era ocupado por Paulo. Agora é Roberto o assinalado como enfermo.

Nas primeiras entrevistas de casal, Marina e Roberto pareciam estar "aliados" olhando para a problemática do filho e não abriam margem para que se tratasse de suas próprias dificuldades. Quando toda a família começou a participar das sessões, pudemos observar, com mais clareza, todo o quadro. Vimos como Marina seduz seus filhos e como se confronta com o marido e o denigre. Também pudemos observar como é difícil para Roberto desempenhar a função paterna e poder interceptar a ligação entre a mulher e os filhos.

Esta organização familiar onde Marina faz aliança com os filhos e os superproteje, denigre a imagem do marido, faz com que o pai não consiga ter um lugar prestigiado na família, podendo ser o germe da homossexualidade do filho. Por outro lado, Mauro parece que não consegue ter um lugar próprio dentro dessa estrutura familiar e carrega a morte do irmão que o antecede no seu nascimento. Além disso, não pode se identificar-se com um pai fraco e denegrido.

Vendo a família toda, observamos como o seu conflito era muito mais complexo do que se mostrava no início, quando, tanto Mauro quanto Paulo tinham uma sintomatologia que comprometia o desenvolvimento dos dois. O casal, por sua vez, trouxe à tona as suas verdadeiras desavenças.

Comentários

Esse material clínico nos permitiu observar a passagem de uma terapia de casal para uma terapia familiar. Dessa forma, conseguiu-se abarcar toda a problemática da família. Qual teria sido o sentido dessa mudança? Partimos da idéia de que, para podermos operar modificações dentro de uma família, sua estrutura deve ser atingida e, para tanto, devemos observar o relacionamento entre os seus membros.

O trabalho familiar pode ser indicado quando existe um membro identificado na família. Também é aconselhável se o relacionamento familiar causa algum tipo particular de sofrimento em cada um de seus membros. Nesses dois casos, torna-se necessário modificar a estrutura das relações familiares para que passem a ser mais satisfatórias.

A proposta de trabalhar com a família é a de incluir todos os seus elementos em uma mesma cena, para que se configure a dinâmica familiar que é vivida por eles no dia-a-dia. É como o trabalho de um fotógrafo que utiliza o recurso de uma lente grande angular para fazer o enquadramento da cena que deseja registrar. Essa proposta só pode se efetuar depois de havermos realizado a necessária observação e estudo dos pacientes que nos consultam.

E devemos, com atenção, nos aproximar de cada caso, sem estabelecer normas rígidas para seu tratamento e observar suas peculiaridades, para só então recorrermos aos distintos recursos terapêuticos.

7
O segredo familiar

Quando uma família nos consulta, geralmente encontra-se frente a uma situação de perda geradora de conflitos, devido ao luto pela morte de um familiar. O pedido de consulta pode estar motivado por uma doença aguda de algum membro da família. O pedido de ajuda pode estar associado a perda de certo "equilíbrio" familiar em função do crescimento dos filhos, principalmente na passagem da infância à adolescência. Todas essas situações remetem cada membro da família a reviver perdas quiçá não-elaboradas em outros momentos de suas vidas, como, por exemplo, a perda do útero materno.

A história de cada indivíduo organiza-se em torno de uma sucessão de conquistas e de perdas que constituem de resto a base de todo processo de crescimento. A perda do seio materno e o aparecimento dos dentes, na criança, por exemplo, possibilitam a passagem para uma alimentação sólida. Na aprendizagem do andar, dá-se a perda do colo materno, e assim sucessivamente.

É importante verificar como se realizaram essas passagens e quem as acompanhou e possibilitou. É diferente a experiência de uma criança que aprende a andar com uma mãe ansiosa que se angustia frente a inevitáveis tropeços e quedas, da de outra cuja mãe se irrita com a demora do processo de aprendizagem do filho ou, ainda, da que aprende a andar com uma mãe tranqüila e continente que está junto ao filho e pode esperar.

A forma pela qual esta longa cadeia, formada por perdas e conquistas, houver sido vivida, permitirá ao indivíduo que esteja maior ou menor preparado para as inevitáveis situações de perda e de frustração da vida. Podemos observar quando uma família nos consulta se ela não está conseguindo superar a angústia e o desequilíbrio provocados por uma situação de perda, mais ou menos aguda. De uma forma inevitável, produzem-se reclamações constantes entre seus membros porque cada um quer ser ajudado ou recompensado pelas perdas sofridas.

Uma situação familiar que com freqüência permeia um pedido de consulta é a perda do "equilíbrio" familiar, devido ao crescimento dos filhos. A passagem para a adolescência exige dos pais uma acomodação difícil, especialmente para aqueles cuja organização gira em torno de um segredo. Segredo vem do latim *secretum* e significa separar, isolar, ocultar. Refere-se ainda a algo ignorado, escondido e separado da vista ou do conhecimento.

Todas as famílias convivem com um "segredo". O segredo, em geral, está associado a uma situação de impossibilidade, de desvio ou de "vergonha" pela qual passou um membro da família atual ou algum ente passado. É freqüente observarmos problemas da família relacionados à homossexualidade, prostituição, suicídios, adultério, delinqüência, ou doença mental.

O segredo familiar consiste em uma mensagem que não pode circular pelo grupo como um todo; ele só pode ser compartilhado por duplas formadas por seus componentes sendo que, em alguns casos, esses subgrupos se alternam, e o conhecimento do segredo alcança o grupo como um todo; no entanto, o segredo não é declarado porque sempre se pensa que algum membro está excluído de seu conhecimento. As duplas que detêm o segredo podem alcançar todas as combinações: pai e mãe, mãe e filho(s) ou pai e filho(s). O importante é que o segredo determina a exclusão de um ou de vários membros, dividindo a família entre os que "sabem" e os que "não sabem" algo. O paciente identificado, ou seja, aquele apontado pela família como enfermo, é geralmente quem se encontra excluído pelo segredo familiar. O seu comportamento inadequado pode ser uma tentativa sintomática de denunciar esse segredo. Todo o funcionamento familiar encontra-se permeado pelo segredo, que, na tentativa de ser mantido encapsulado, reage com a força de um câncer que se ramifica e se estende por contornos inesperados. No atendimento à família que veremos a seguir, essas questões ficam bem evidenciadas.

Exemplo clínico

A família que nos consulta é formada por um casal: *Maria de 49 anos e Ricardo de 51 anos e quatro filhos: Eduardo, 19 anos; Jorge, 16 anos; Pedro, 15 anos, e Mônica, 13 anos.*

A queixa dos pais estava centrada no segundo filho, Jorge, que repetia, pela terceira vez, o segundo ano ginasial e ameaçava abandonar os estudos caso não conseguisse passar de ano. Ele havia mudado várias vezes de escola devido às queixas dos professores. Muito agressivo, Jorge brigava com seus irmãos a ponto de colocar em perigo a sua própria integridade física. Ele sempre brigava sozinho contra os seus irmãos, e, em algumas oportunidades, chegou a quebrar vidros e portas. Habitualmente, os pais recebiam queixas dos vizinhos que não toleravam os berros e os outros barulhos provocados pela família. Eles decidiram fazer uma terapia familiar também porque a mãe se mostrava muito angustiada com sua filha, Mônica, com quem tinha um relacionamento de permanente confronto.

Havia um ano que o filho mais velho, Eduardo, tinha terminado o colegial e se encontrava, desde então, desorientado; como não estava estudando, nem trabalhando, ele permanecia muito tempo em casa, dormindo ou assistindo tevê. Contratou-se trabalhar com a família duas vezes por semana, com sessões de uma hora de duração e pedi a colaboração de todos os membros do grupo no sentido de se colocarem, durante o atendimento, o mais livremente possível, e que trouxessem todos os materiais que lhes ocorressem, sem fazer seleções, mesmo que, à primeira vista, pudessem parecer sem importância.

Nas primeiras sessões com os membros dessa família eu me sentia excluída de seus diálogos. Esta era uma situação que muito me incomodava: "não me deixavam entrar". Produziam-se momentos de intenso silêncio, pesado e agressivo. Quando algum dos membros pretendia quebrá-lo, outros dois ou três começavam a falar ao mesmo tempo, razão pela qual ninguém entendia o que se pretendia dizer. E, quando eu intervinha nesta situação criada pela família, dois ou três filhos do casal se organizavam, trocando risadinhas ou caretas para distrair a atenção de todos. Sentia-me num campo minado e interpretava essa situação dizendo que parecia haver ali uma bomba da qual os pacientes temiam aproximar-se para desmontá-la.

Outra das interpretações aludia ao filho repetente. Eu tentava perguntar à família o que este filho não podia "saber" ou aprender. Esclarecia que, em várias oportunidades, a família também me colocava nessa mesma situação: quando três pessoas falavam ao mesmo tempo eu não podia "saber" o que diziam.

Passados dois meses de tratamento, nos quais eu falara à família sobre o incômodo que me provocava porque "não me deixavam entrar nem saber" a "bomba" que existia entre seus membros e o fato de não escutarem a terapeuta, aconteceu algo. Nessa ocasião, eu recebi um telefonema do pai. Ele me disse: "Não agüento mais ouvir você falando da bomba. Está certo, eu digo: meu filho repetente é adotivo, e nem ele nem as outras crianças, sabem disso".

Essa informação foi posteriormente trazida à sessão e causou um intenso alívio, pois todos, incluindo o filho adotivo, que não podiam saber, "sabiam" disso de alguma maneira. A mãe comentou que sempre lhe chamaram a atenção os fatos de todos os seus filhos legítimos freqüentemente perguntarem como haviam nascido, de quererem conhecer o hospital onde isso acontecera, saber quais pessoas os visitaram na ocasião, e de que somente o filho adotivo nunca lhe havia perguntado nada.

Mudança do enquadre

A partir desse telefonema, mudei o enquadre com as outras famílias que estava tratando, e com as que, num momento posterior, vim a trabalhar. Senti-me mal por ter recebido, pelo telefone, uma informação que funcionava como o segredo familiar e que não pôde ser revelada durante a sessão. Pensei que esse pai merecia haver podido contar com um espaço de continência maior em uma entrevista do casal ou individual para desvendar esse segredo tão escondido. Desse momento em diante, coloco nos contratos feitos com as famílias que não costumo dar entrevistas individuais. Entretanto, cito que, se em algum momento um membro considerar que precisa falar comigo, poderá fazê-lo se o que for dito não se transformar num segredo entre esta pessoa e eu, e se a informação puder ser trazida para a sessão familiar. Penso que, em algumas oportunidades, o analista pode funcionar como uma espécie de ponte, permitindo trazer algum material relacionado à família que demoraria mais tempo para aparecer.

Apesar de colocar no enquadre a possibilidade da sessão individual, foram poucos os casais e as famílias que pediram para ter uma entrevista desse tipo. Quando o fizeram, tiveram de justificá-lo, o que me possibilitou fazer um adequado encaminhamento da situação.

Comentários

Como vimos, o segredo da adoção era "conhecido" apenas pelos pais. Embora todos os filhos também o soubessem, não o revelavam explicitamente, e permeava todo o relacionamento familiar. Aparentemente, o casal evitou a "confissão" com a finalidade de não haver distinções, de todos crescerem sentindo-se em igualdade de condições. Entretanto, os pais terminam por colocar esse filho no lugar oposto: um membro assinalado e inadaptado. O segredo funcionou, nesta família, como uma luz vermelha indicando que ali existia uma diferença. Como o segredo foi desvendado, a mãe pôde contar que o parto de seu primeiro filho, Eduardo, lhe causou problemas de saúde e que, por isso, ela teve de ficar na cama por seis meses e foi aconselhada a não engravidar novamente porque, se o fizesse, correria risco de vida.

O casal resolveu então adotar um filho. Quando a adoção se concretizou, Maria entra em estado de depressão profunda, e o bebê adotivo é praticamente criado pela sua mãe, que morava junto ao casal desde a morte do seu marido.

Posteriormente, Maria engravida mais duas vezes, e se propõe a ter os filhos, mesmo à revelia das indicações médicas. Poderíamos nos perguntar o lugar desses filhos especialmente para essa mulher e o marido. Parecia que, para o casal, ter estes dois últimos filhos relacionava-se a uma situação compulsiva, frente à qual não era possível pensar, mas apenas atuar. O importante era tê-los, uma vez que o casal não pensava que a mãe poderia morrer.

Essa mulher colocava-se em uma situação de desafio frente à vida e ao seu processo criador. Era uma mãe "heróica". Por meio dessa imagem, alimentava a admiração de seu marido, que afirmava ser incapaz de tal gesto. Não nos devemos esquecer de que era ele quem lhe propiciava a situação de gravidez.

O filho adotivo "denunciava" o conflito e o risco de morte que Maria corria frente à gravidez. O segredo de sua origem era uma forma de manter fechada essa problemática. O casal fazia de conta que "todos os filhos eram legítimos e as diferenças entre eles não existiam".

Quando esse filho soube o que de alguma forma "já sabia", conseguiu recuperar sua própria história e conquistou um lugar diferente em sua família; foi aceito, apesar de ser diferente. Conseguiu aprender e saber o necessário para passar de ano e não necessitou mais mostrar sua agressividade e bater portas para saber "a verdade".

Depois de um ano de tratamento, a família se equilibrou de maneira diferente: o filho mais velho, Eduardo, decidiu tornar-se independente e conseguiu um trabalho que exige sua saída de casa; dessa forma, ele efetiva seu desejo de se independentizar. A relação entre todos os irmãos tornou-se mais tranqüila. Os pais passaram a compartilhar entre si e com os filhos, com mais franqueza, os distintos problemas familiares. O paciente identificado lentamente mudou de lugar, e a filha passou a ser o centro das preocupações da família. Lamentavelmente, o tratamento foi interrompido porque o pai foi transferido para uma cidade do interior, onde a família pretende encontrar formas mais acolhedoras de vida, sem a violência e o grau de exigência de uma cidade como São Paulo.

8
A família dividida

O doente mental tem sido historicamente segregado. A sua família não o reconhece como um de seus membros e o afasta, como uma forma de negar a doença. Em geral, ele habita o quarto mais retirado e desqualificado da casa, ou então é internado.

Na década de 1950, tiveram início os primeiros trabalhos em terapia familiar e estes eram realizados com famílias de psicóticos e baseados na teoria da comunicação. Desde então, começou-se a observar como elas atuavam no sentido de reforçar ou de manter a enfermidade de um membro psicótico. A teoria da comunicação contribuiu para essa compreensão, com o importante conceito do duplo vínculo: mensagens contraditórias que, emitidas com freqüência, operam como fator desestruturante e enlouquecedor para quem as recebe.

Na atualidade, continua-se trabalhando com famílias de psicóticos, e acredita-se que a dinâmica familiar opera no sentido de manter a enfermidade circunscrita a um único membro. Sabe-se também que, quando não se trabalha com a família, dificilmente se pode sustentar as melhoras do sujeito apontado como doente.

Tem-se comprovado que o trabalho individual com pacientes psicóticos se beneficia quando acompanhado por um atendimento à família que promova modificações em sua dinâmica e estrutura. Pode-se observar também que os psicóticos internados que são tratados individualmente na instituição podem adquirir um determinado grau de equilíbrio e de autonomia, mas que, quando são devolvidos às suas famílias, regridem rapidamente e precisam ser internados de novo. Assim se sucedem, repetidamente, internações e altas, sem que se consiga interromper o circuito gerador da doença.

Berenstein diz: "Em geral, quando emerge uma crise no funcionamento mental de uma pessoa, seu grupo familiar se define como sadio, em oposição ao integrante definido como doente".

Dificilmente uma família nos consulta disposta a ver suas dificuldades enquanto grupo familiar. Sua preocupação recai sempre em um determinado membro, que ela o identifica como doente. Assim, a família permanece excluída de seu próprio processo, e o grupo divide-se entre "doentes" e "sadios".

Essa divisão acentua-se significativamente no caso de grupos familiares com um integrante psicótico, mas também pode ser observada em famílias que apresentam outras patologias. Entendemos que essa divisão é falsa e que ocorra devido a uma situação defensiva por meio da qual a família espera "se salvar". Seus membros "sadios" receiam ser observados como participantes de uma situação doentia.

No processo terapêutico procuramos ampliar esta perspectiva, não aceitando passivamente a divisão entre "sadios" e "enfermos". Entendemos que a existência de um membro enfermo implica no comprometimento da estrutura familiar na qual cada integrante contribui para que a configuração da família se caracterize e se mantenha como tal.

Exemplo clínico

Este enfoque pode ser observado no atendimento a uma família composta pelo casal **Daniel, 52 anos, e Marta, 40 anos, e por dois filhos: Fernando, 15 anos, e Helena, 13 anos.**

A queixa que os trouxe à consulta recai sobre Fernando, por ele ter-se iniciado nas drogas há um ano. Os pais acreditavam que, por esse motivo, Fernando vinha apresentando dificuldades escolares e de conduta. Apesar das diversas promessas, ele não conseguia alterar o seu comportamento;

os pais haviam apelado para castigos e ameaças de diversos tipos, mas não obtiveram resultados.

O pedido de consulta relacionava-se a este único fato, e os pais não falavam de nenhuma outra situação que os perturbasse. Eles não sabiam como atuar frente ao filho, a quem descreviam como "doente". Fernando deveria ser tratado e seus pais se mostravam dispostos a "colaborar", no intuito de recuperar o equilíbrio. Descreveram-se como uma família sem dificuldades até o aparecimento deste "problema".

Ao tentar obter, nas entrevistas iniciais, mais elementos para ampliar o quadro apresentado, percebi certo incômodo no casal. O sentimento contratransferencial era o de que eu "queria entrar onde não fui chamada", e, por isso, senti que ameaçava alterar o motivo da consulta. O casal me pedia para que eu olhasse apenas as dificuldades de Fernando. Marido e mulher mostravam certa cumplicidade ao tentar ocultar ou diminuir a importância de certas passagens de suas vidas.

Essa situação foi assinalada em várias oportunidades, e a resposta era, em geral, a mesma: certo sorriso entre eles sugerindo distração e rapidamente a abordagem de um outro assunto. No decorrer do processo terapêutico e em função do material que foi aparecendo, tentei assinalar como eles se apresentavam fechados e impenetráveis, a ponto de provocar curiosidade e mistério.

Em uma das sessões, Marta mostrou-se visivelmente angustiada: tinha os olhos irritados, como se tivesse chorado. O clima entre o casal era tenso: os dois não se olhavam e, depois de um longo silêncio, Marta disse que Daniel bateu nela. Ela falou que tinha sido a última vez que isso tinha acontecido, porque não toleraria que a situação se repetisse: se o marido tentasse agredi-la novamente, ele teria de sair de casa. Disse ainda que chegou a hora de a família toda saber quem é Daniel. Falou que protegera os filhos, enquanto eles eram pequenos, de saberem a verdade sobre Daniel, mas que, a partir daquele momento, não o faria mais, pois eles já haviam crescido e, de uma forma ou de outra, acabariam se inteirando do que acontecia entre ela e o marido, por mais que tentasse ocultar.

Marta contou que sempre viveu subjugada e com medo do marido, por ele ser muito ciumento e opressivo, chegando ao ponto de ameaçá-la de morte, caso algum dia ela o enganasse. Essa situação se agravou nos últimos anos porque Daniel passou a se sentir em declínio sexual e por ele considerar que sua mulher é bonita, além de se preocupar com o fato dela ser 12 anos mais jovem.

Um ano e meio atrás, Marta teve um relacionamento que não passou de uma atração, mas que foi o suficiente para motivar uma grave crise conjugal. As fantasias tão temidas de Daniel se "confirmaram", e Marta, por sua vez, percebeu que poderia sentir atração por outro homem, o que havia negado até então, por temor à reação do marido.

Marta evitou falar sobre esta situação, que para ela era muito dolorosa, durante as primeiras sessões. Como a situação apareceu, permitiu que eu observasse o modo de "organização" do casal em torno de uma dinâmica de poder e submissão. Marta, evidentemente, dava a essa dinâmica um peso menor do que acreditava atribuir, pois, caso contrário, nunca se teria animado a olhar para outro homem.

O importante era que, há mais de um ano, se havia rompido o "pacto de fidelidade" conjugal e isso provocou uma desestruturação familiar. Desde então, Fernando começou a ter dificuldades escolares, e os pais descobriram que ele começou a usar drogas. Fernando conseguiu colocar, em sessões subseqüentes, que passou a entender por que sua casa, de um tempo para cá, havia se transformado num inferno, com brigas constantes entre seus pais. No âmbito individual, esse período também foi difícil para Fernando porque ele estava atravessando a adolescência, fase caracterizada pelas mudanças e reestruturações orgânicas e psíquicas. Fernando, por meio das drogas, procurou sair da dupla situação que o angustiava: tanto das suas mudanças individuais, quanto das brigas familiares que ele não podia entender. As drogas tinham um duplo significado para ele: por um lado, Fernando alimentava a fantasia de que, utilizando-as, poderia "esquecer" sua problemática e, por outro, conseguia atrair para si toda a atenção dos pais, até então preocupados apenas consigo mesmos. Ele conseguia também mostrar a sua rebeldia como adolescente, contrariava os pais, fazendo aquilo que eles proibiam. Esse comportamento coincidiu, aliás, com a rebeldia de sua mãe, que passou a não se submeter mais às ameaças do marido.

Para Marta e Daniel, centrar o motivo da consulta em Fernando significava que eles queriam evitar ver sua família como um todo, obstar o olhar para as suas dificuldades enquanto casal, além de impedir que os problemas de Helena fossem tratados. Helena era uma menina muito quieta, retraída, que não tinha amigas, não conseguia fazer tarefas em grupo. Nunca tinha dormido na casa de nenhum parente. Apresentava-se como uma criança triste e sem desejos. Para Marta e Daniel, essas questões poderiam passar desapercebidas porque não os alarmava tanto quanto o fato do filho usar drogas, mas elas não deixavam de ser importantes e provocar muito sofrimento para Helena.

Comentários

Há certo "benefício" para a família quando essa identifica um membro como único culpado do desequilíbrio familiar. Ela se divide, para proteger os "sadios", numa estrutura dualista, na qual um lado se define a partir da relação com o outro. Nessa estrutura antagônica, a inclusão num dos grupos exclui a possibilidade de participação no outro. Sabemos que nem só a família é o único determinante da enfermidade do paciente identificado, nem este é o único que origina o desequilíbrio familiar. É importante verificar como interagem essas duas variáveis, para compor a dinâmica atual da família.

Quanto maior a gravidade do membro identificado, mais profunda é a cisão que a família precisa fazer. Em muitos casos, essa separa concretamente o "enfermo" do convívio familiar, internando-o com a fantasia de que expulsando a "enfermidade" tudo se resolverá.

Pensando em famílias menos comprometidas que conseguem pedir ajuda, como essa que acabei de apresentar, pode-se observar que nela também se produziu esta divisão. Todos os membros dessa família tentavam demonstrar que a doença se localizava apenas em um indivíduo, e mostravam sua boa vontade em participar do tratamento com a finalidade de ajudá-lo. Os membros que se consideram "sadios" sentem-se muito ameaçados quando, nas sessões de terapia, começam a aparecer suas dificuldades.

O paciente a ser tratado é a família toda e, sob esse ângulo, não existem divisões possíveis. O terapeuta deve tentar ampliar o espectro de conhecimento acerca da família, associando, entre si, todos os dados que forem aparecendo espontaneamente no decorrer das sessões, além de observar como a dinâmica familiar se manifesta. Os membros que se autoconsideram "sadios" tentam, muitas vezes, fazer uma aliança com o terapeuta a fim de evitar o lugar de pacientes e procuram se incluir no papel de observador-participante.

O pai ou a mãe, em geral, assumem o papel de porta-voz do grupo; e ambos, além de assinalar o membro identificado, validam o que declaram com uma série de exemplos, a fim de não ser questionados. Procuram, de uma maneira inconsciente, "cegar" a visão do terapeuta para que esse não identifique toda a trama familiar e aceite a divisão que eles propõem.

O paciente identificado

O paciente identificado aparece também na terapia de casal. A mulher traz o marido para ser tratado porque ele é o enfermo causador dos problemas conjugais, ou, em outra situação, é o marido que traz a mulher por não mais suportar a convivência com seus distúrbios emocionais. Em ambos os casos, a pessoa que se considera sadia aceita a terapia com a finalidade de "colaborar" com o outro.

Exemplo clínico

Alfredo, 43 anos, e Mônica, 40 anos, um casal com três filhos, sendo dois do primeiro casamento de Mônica e um do casal.
Procuraram ajuda com a queixa de brigas constantes que ameaçavam destruir o casamento. Conheceram-se acidentalmente em uma cidade do interior de São Paulo, para onde se tinham mudado havia pouco tempo, a fim de reorganizarem suas vidas.

Mônica queria separar-se de seu primeiro marido e este continuava morando em São Paulo. Alfredo se formara em medicina havia dois anos e achava que teria mais chances de êxito se montasse um consultório no interior. Além disso, ele não queria continuar morando em São Paulo, onde se sentia mal; pensava que a distância física da casa onde morava poderia ajudá-lo a superar melhor a recente morte da mãe, com a qual tinha uma relação muito próxima. Era filho único de pais separados. Descrevia a sua mãe como uma mulher hipocondríaca e muito dependente, de quem sempre teve de cuidar e proteger.

Na época do encontro, Alfredo e Mônica viviam uma situação nova e de certo desamparo. Ela demonstrava fragilidade em assumir uma vida nova, estava muito triste e em uma situação econômica precária. Nessa oportunidade, Alfredo oferece-lhe toda a sua ajuda e proteção. Decidiram morar juntos pouco tempo depois de se conhecerem.

Desde o primeiro momento, Alfredo assumiu os filhos de Mônica como se também fossem seus. Ele contava com certa segurança econômica devido à herança que recebera de sua mãe, além de alguns negócios em andamento. Dessa forma, ele recriou rapidamente uma situação "conhecida" na qual ele cuida e protege o outro. E, nessa nova vida, efetivamente, ele tem dependentes.

Um ano depois, Mônica entrou em depressão a ponto de não conseguir levantar-se da cama nem assumir responsabilidades familiares; Alfredo passou a ocupar-se tanto de sua profissão quanto das crianças e da casa. Após um tratamento psiquiátrico, Mônica melhorou e o casal decidiu ter um filho. Durante a gravidez, ela sentiu-se relativamente bem e recordou, com desconfiança, que o marido lhe dizia, insistentemente, para não tomar os medicamentos que, segundo ela, ajudavam a acabar com a depressão.

No puerpério, Mônica entrou novamente em depressão, e decidiu fazer um tratamento terapêutico. Passaram-se três anos, nos quais Alfredo voltou a cuidar da casa e dos filhos. Aos poucos, Mônica se recuperou e ocupou novamente seu lugar de mãe e esposa.

Durante todo o tempo em que ficou deprimida, Mônica viveu isolada e sem tomar decisões. Lentamente ela foi conquistando um novo lugar na família. Um fato marcou o início dos conflitos familiares: ajudada por uma amiga, Mônica conseguiu assumir um trabalho, de certa responsabilidade, que a ocupa poucas horas por dia, e começa a ganhar um bom dinheiro. Produziu-se, assim, uma mudança radical na estrutura familiar. Mônica abandonou o lugar de isolamento onde não tinha poder de decisão, e passou a colaborar no orçamento familiar, num momento em que os negócios de Alfredo não estavam prosperando. Dessa forma, Mônica foi recuperando um certo poder em relação aos filhos e à casa, e Alfredo, por sua vez, sentiu estar perdendo o poder que a enfermidade da esposa lhe conferia.

Frente a esse novo quadro familiar, o casal se desorganizou e começou a brigar muito, às vezes com muita violência. Alfredo diz: "Mônica sempre teve crises depressivas que tanto eu quanto as crianças sempre soubemos tolerar e superar. O problema surgiu quando Mônica fez um tratamento com uma psicanalista que modificou sua cabeça com idéias feministas de poder e de liberdade". Diz também que sempre funcionaram muito bem como família enquanto ele se ocupava de tudo. Fala que, desde o início do casamento, sabia que Mônica era uma mulher enferma e dependente, mas nunca se preocupou com isso. "O problema", finaliza Alfredo, "é que agora ela quer mandar e fazer tudo o que eu fazia antes".

Quando pretendo assinalar a possível sobrecarga de

Alfredo ao ter de se ocupar de tudo, ele responde que se sente muito bem em fazer isso, e que dispõe de saúde e de força para se dedicar à sua família e à sua profissão. Alfredo resiste em equilibrar-se de outra maneira que não seja a de depositar toda a enfermidade e a debilidade em Mônica. Ele assume o mesmo papel de "sadio" e de "forte" que desempenhava em sua família de origem.

Comentários

Esse relato nos mostra como membros de alguns casais ou de famílias têm a necessidade de eleger um deles para depositar o peso de sua patologia. Na realidade, o paciente identificado possibilita a manutenção de um "equilíbrio" familiar precário. Por causa de suas características próprias ou por estar num momento de maior fragilidade, ele permite ou facilita ser o depositário da enfermidade, colocando-se como único membro doente. O trabalho de uma terapia familiar ou de casal seria, justamente, o de identificar o grupo todo como paciente e, dessa forma, despotencializar o doente.

9
A família como agente de saúde ou de doenças

Os casais se organizam com o propósito de realizar um projeto em comum e de partilhar sua vida afetiva, econômica e sexual. O vínculo está apoiado em uma escolha de objeto inconsciente, e este conferirá vida e sentido ao vínculo.

Os aspectos inconscientes da relação estão ligados à história individual de cada cônjuge, à sua família de origem e aos seus modelos identificatórios. Esses aspectos operam como fontes de conflito, especialmente quando a pessoa teve vínculos familiares insatisfatórios nos primeiros anos de vida, permaneceu presa a esses vínculos parentais e espera uma reparação por meio de seu objeto amoroso.

Quando uma pessoa teve boas experiências infantis, estará em melhores condições para enfrentar o seu desenvolvimento afetivo. Terá melhor possibilidade de fazer uma adequada escolha de objeto amoroso, o que facilitará tanto o seu desenvolvimento individual como a sua relação de casal.

No momento em que duas pessoas se vinculam afetivamente e se reconhecem como casal, começa a etapa do namoro. Esta etapa se caracteriza pelo fato de que a pessoa se liga mais às imagens fantasiadas de seu parceiro do que ao seu conhecimento real.

Cada um acredita encontrar no outro o que desejava. É o momento da ilusão e dos grandes projetos: pensam em como vão montar a casa e em como chamarão os futuros filhos. Revelam, um ao outro, seus desejos e esses parecem altamente coincidentes. Fantasiam um casamento perfeito, muito mais prazeroso que o de seus pais. Nessa etapa de enamoramento se generaliza o que agrada, e se nega ou dissimula o que incomoda.

Maria, por exemplo, pôde acolher Paulo, seu namorado, no dia em que este havia brigado com o seu chefe. Paulo deduziu e generalizou que podia confiar em Maria, pois ela o acolheria em todos os seus momentos de sofrimento. Será difícil para Paulo aceitar que Maria, por estar angustiada, não tenha podido acolhê-lo em outro momento, justamente quando ele mais necessitava, por ter sido reprovado em um exame. Maria, por sua vez, necessita sentir-se segura e protegida, e atribui ao noivo a capacidade de ampará-la, sem investigar se ele realmente tem condições de fazê-lo.

Dou esse exemplo com o objetivo de mostrar como nascem algumas frustrações que depois se traduzem em desentendimentos e brigas.

É difícil, no momento do encantamento amoroso, eu ver o outro como um ser independente de mim e com todas as suas dificuldades e limitações. Se fosse possível verificar isso, perder-se-ia grande parte do encanto. Nessa etapa, tem-se a vivência da plenitude, o que sem dúvida colabora para o encantamento: "Não me falta nada", "Me completo com meu parceiro e nós nos bastamos". Essas idéias encontram expressão na linguagem corrente – "Encontrei minha cara-metade" – ou nos objetos que alguns namorados usam, como, por exemplo, o motivo de um coração partido ao meio que, ao juntar-se à sua outra metade, forma um inteiro.

Essa fascinação, produzida pela idéia de ter encontrado um vínculo que promete o complemento do que me falta, tem sua origem desde o nascimento.

Vivência de invalidez

O ser humano nasce em uma situação de dependência extrema e tem de ser atendido e alimentado pela mãe ou uma pessoa substituta porque não é capaz de sobreviver sem uma ajuda permanente.

Spitz realizou uma pesquisa com bebês internados em hospitais e observou que se estes estavam afastados de suas mães e não tinham nenhuma enfermeira que desempenhasse a função de substituto materno, passavam por um período de ansiedade e agitação, tentando, desta forma, reclamar um atendimento. Caso não obtivessem resposta, passavam a um estado de desinteresse e de isolamento, e alguns chegavam a morrer.

Como o bebê nasce totalmente desprotegido e não consegue sobreviver sozinho, ele necessita de um adulto que lhe dê alimento para nutri-lo fisicamente e que lhe ofereça as condições afetivas indispensáveis para o seu desenvolvimento psicológico. Por causa dessa necessidade de cuidados, torna-se imprescindível a presença, junto à criança, dos pais ou, na sua falta, de pais substitutos.

É na relação a dois, totalmente íntima e corporal, entre a mãe e o filho, em que um é doador e protetor e o outro é receptivo e passivo, que se vai dar origem à trama inicial do relacionamento familiar. A presença do pai marcará o limite necessário deste vínculo primário e abrirá espaço para que se comece a delinear a relação triangular.

Trama e drama familiar

O ser humano está enredado na sua família a vida inteira com mais ou menos intensidade. Especialmente desde o nascimento até os três anos esse vínculo entre pais e filhos é de suma importância para o bom desenvolvimento da criança. Esse relacionamento de dependência tanto afetiva como econômica se estende até alcançar a maturidade e poder se valer por seus próprios meios.

Quanto mais sadios forem os vínculos da criança com seus pais melhor será o seu desenvolvimento e mais fácil será o seu desligamento da família de origem quando tornar-se adulta. Quando falo em desligamento, não me refiro a uma ruptura, mas à possibilidade de se obter uma distância adequada que permita uma melhor compreensão desses vínculos primários, tão necessários e nutrientes, para poder elaborá-los e dar lugar a novos relacionamentos significativos.

A família tem uma função tutelar que é muito necessária nos primeiros anos de vida da criança. Ela funciona como tela de fundo onde poderá ser gestada a relação do casal.

Falei da trama e do drama familiar. A trama seria o interjogo de relações entre os pais e a criança, que dão suporte a um crescimento sadio. O drama é a saída desta trama que muitas vezes funciona como armadilha. Freqüentemente, os pais se ressentem com o crescimento do filho e não aceitam seu crescimento porque leva embutido a independência do filho e a saída dele para o mundo. O filho se sente culpado por querer usufruir de sua independência e se separar dos pais. Essa situação é dolorosa tanto para os pais e quanto para os filhos.

A família é necessária em um primeiro momento, mas pode tornar-se perniciosa quando insiste em permanecer exercendo uma função de cuidado e controle excessivos, quando a criança cresce e já não necessita mais dos pais da mesma forma.

Quando os pais não facilitam o desligamento de seus filhos, tornam-se agentes perturbadores de seu crescimento, querem retê-los em uma situação endogâmica quando esses precisariam fazer a passagem para a exogamia.

Desejo de eternidade

Os filhos precisam dos pais para o seu desenvolvimento, da mesma forma que os pais precisam daqueles para realizar seu desejo de eternidade, comum a todo ser humano. Entretanto, os pais podem projetar, na realização dos filhos, seus ideais frustrados. Um exemplo disso pode ocorrer com a escolha profissional do filho. Muitos pais não puderam estudar e querem ter um filho médico ou advogado. Esse pode submeter-se a esta ordem e chegar a ser um médico, ainda que isso não coincida com o seu desejo, e, nessas circunstâncias, nem sequer abre espaço para perguntar-se qual seria o seu próprio desejo. Um filho também pode, enquanto adolescente, curvar-se ao desejo paterno, mas, quando receber o seu título do curso superior, entregá-lo "de presente" ao seu pai e começar, a partir desse momento, a realizar o seu próprio projeto.

Essas duas situações mostram como os pais podem funcionar como opressores do desenvolvimento individual do filho, muitas vezes sem se dar conta disso.

Uma relação frustrante

Um casal pode organizar-se de maneira patológica, tentando fazer uma reparação do vínculo endogâmico vivido em suas famílias de origem. Quando isso acontece, cada cônjuge não procura um parceiro com o fim de recriar uma relação nova a partir do "já conhecido", mas tenta repetir o modelo insatisfatório vivido na primeira infância. A mulher busca um pai reparador em vez de um marido companheiro, e o marido busca um tipo de mãe provedora em vez de uma esposa. Formam, assim, um relacionamento de casal dependente e insatisfatório. Na etapa do namoro, cada membro do casal ligar-se-á aos aspectos fantasiados no parceiro, o que lhe permitirá idealizar o vínculo de proteção, do qual se sentiu privado nos primeiros momentos de sua vida. Quando o casal passa dessa fase, mais propícia à idealização, para um convívio diário e, por conseguinte, a um maior confronto com a realidade, produz-se uma mudança substancial na relação. Passa-se de um ambiente fantasiado e prazeroso para uma realidade desconfortável e de desprazer.

Quanto mais carente estiver a pessoa que passar para essa nova fase, ou quanto mais ela tenha fantasiado as virtudes de seu parceiro, maior será a possibilidade de que se frustre.

Frente a essa realidade desoladora, e muito desorientado por ter perdido o paraíso fantasiado, muitas vezes o casal, na tentativa de recuperá-lo, começa a revisar seu projeto de vida e nesse ponto surge uma idéia "salvadora": ter um filho. Então, desde o seu nascimento, o filho já possui uma missão a cumprir: "salvar" o casamento de seus pais.

É fácil perceber que essa missão não poderá jamais ser cumprida pela criança, pois, em vez de fortalecer o vínculo, ela agregará, com sua presença, um fator complicador. Isto se dá porque o casal passa de uma relação dual à complexa situação triangular, e este filho será, além do mais, uma nova fonte de demandas. Nesse casal de pais onde cada um queria ser sustentado e nutrido pelo outro, não existem recursos para cuidar de um terceiro (o filho).

Esses pais provavelmente não usufruíram os cuidados de seus próprios progenitores, nem puderam deixar de ser filhos; eles querem e precisam continuar recebendo, eles não podem dar.

Nessas circunstâncias, o filho crescerá com muitas dificuldades e carregará a culpa de não ter podido consertar o casamento de seus pais. Na adolescência ele poderá sentir-se angustiado pelas brigas contínuas entre seus pais, mas, quando perguntar por que não se separam, provavelmente vai ouvir que é porque eles têm a obrigação de criá-lo. Em muitos momentos cada um dos pais, sem a presença do outro, terá uma relação de intimidade com o filho. Neste ínterim, irá contar-lhe seus problemas e se queixará do parceiro, buscando no filho um aliado. Os pais que apresentam esse perfil não dão espaço para que os filhos vivam, na adolescência, seus próprios conflitos. Esses, muitas vezes, tornam-se adolescentes que têm um ar de velhos e que se apresentam como "muito maduros", tentando mostrar um desenvolvimento que não têm. Quando tratamos com esses adolescentes mais de perto, vemos que são afetivamente imaturos e têm dificuldades em relacionar-se com o sexo oposto. Sobrecarregados com sua problemática familiar, tentam ser os mediadores de seus pais, sendo obrigados a deslocar-se do lugar de filhos e de adolescentes.

Na realidade, esse casal parental não pode se separar porque está unido em função da demanda. Como separar-se – e, conseqüentemente, ficar sozinho – aparece como uma idéia ainda mais angustiante do que permanecer casado, cada um dos parceiros prefere continuar reclamando que o outro não dá o que ele quer.

O casal vive um círculo vicioso insolúvel: a mulher não pode cumprir o papel de esposa porque tem a função de mãe para o seu cônjuge, e esse tampouco pode exercer o papel de marido, porque a expectativa de sua parceira é a de que ele seja um pai; e o filho, por sua vez, termina sendo o "bode expiatório" de um casamento insatisfatório, o que, possivelmente, o levará a fazer uma escolha de objeto amoroso inadequada.

Tentamos descrever, aqui, as diversas maneiras pelas quais uma família pode tornar-se um agente perturbador para o desenvolvimento dos filhos.

Resumindo, falamos de um casal em que cada cônjuge faz uma escolha de objeto amoroso buscando reparar seus vínculos infantis insatisfatórios, querendo ser acolhido e nutrido pelo parceiro e sentindo muito mais necessidade de receber do que de dar. A partir deste lugar de filho, o casal não consegue funcionar como pais.

Referimo-nos também aos pais que criam uma relação superprotetora com o filho, obstaculizando a passagem de um vínculo endogâmico para um exogâmico.

Falamos de pais que necessitam projetar-se nos filhos, querendo que esses realizem seus desejos frustrados, e dessa forma não permitem que os filhos realizem seus próprios projetos.

Finalmente nos referimos ao casal que coloca o filho no lugar de suporte do vínculo, levando-o a dar sentido à continuação do casamento.

Essas formas de organização familiar provocam, em

seus diferentes membros, sofrimento e insatisfação e não proporcionam o ambiente adequado para o desenvolvimento dos filhos. Esse tipo de família pode, em certas condições, promover distúrbios, já que colabora para o desequilíbrio emocional de seus membros.

Penso que uma família pode agir como agente de saúde quando está constituída por duas pessoas adultas e independentes que se escolhem para compartilhar um projeto de vida sem tentar reparar antigos vínculos frustrados e quando conseguem criar um ambiente de colaboração, permitindo que seus filhos vivam suas próprias frustrações e limitações, sem se apresentarem como figuras de pais "perfeitos", que resolvem todos os problemas e que por isso, exigem recompensas.

Finalmente, penso que o casal como agente de saúde familiar, enquanto modelo de relação, é aquele que se permite errar e acertar, cujos membros podem se comunicar livremente entre si, e que se sustenta pelo afeto mútuo.

Essa organização permitirá ao casal lidar melhor com as dificuldades inevitáveis decorrentes da própria convivência e da sobrecarga que é, para ele, formar e manter uma família.

Quero esclarecer que os vínculos familiares são muito complexos e que, mesmo uma estrutura muito "saudável" como a que acabei de descrever, não está livre de dificuldades. A família organizada dessa forma apenas tem uma base melhor para enfrentar os problemas que, inevitavelmente, se apresentam.

Bibliografia

Livros

BERENSTEIN, Isidoro. *Psicoanálisis de la estructura familiar*. Buenos Aires, Paidós, 1981.

_____. *Família e doença mental*. São Paulo, Escuta, 1988.

DICKS, Henry. *Tensiones matrimoniales*. Buenos Aires, Hormé, 1970.

EIGUER, Alberto. *Um divã para a família*. Porto Alegre, Artes Médicas, 1985.

FÉDIDA, Pierre. *Clínica psicanalítica*. São Paulo, Escuta, 1988.

KORNBLIT, Analia. *Semiótica de las relaciones familiares*. Buenos Aires, Paidós, 1984.

LUCHINA, Noemí E. de. *La pareja humana*. Buenos Aires, Nueva Visión, 1984.

MEYER, Luiz. *Família; dinâmica e terapia*. São Paulo, Brasiliense, 1983.

PRIMER CONGRESO ARGENTINO DE PSICOANALISIS DE FAMILIA Y PAREJA. *Conferencias, paneles y ponencias*. Buenos Aires, 1987.

PUGET, J. & BERENSTEIN, I. *Psicoanálisis de la pareja matrimonial*. Buenos Aires, Paidós, 1988.

SLUZKI, Carlos et alii. *Psicopatología y psicoterapia de la pareja*. Buenos Aires, Nueva Visión, 1975.

SLUZKI; BERENSTEIN; BIEICHMAN; MALDONADO; orgs. *Patología y terapeutica del grupo familiar*. Buenos Aires, Fondo para Ia Salud Mental, 1970.

SOIFER, Raquel. *Psicodinamismos de Ia familia con niños*. Buenos Aires, Kapelusz, 1980.

WINNICOTT, D. W. *A família e o desenvolvimento do indivíduo*. Interlivros, 1980.

Revistas

Acta Psiquiátrica y Psicológica de América Latina. Buenos Aires, Fondo para Ia Salud Mental.

Revista de Psicología y Psicoterapía de Grupo. Buenos Aires, Gorriti.

Terapía Familiar. Buenos Aires, A. C. E.